Dr. Michael Lohmann

BLUMEN

Bestimmen auf einen Blick
mit Faltplan

BLV

W0198037

Die Deutsche Bibliothek –
CIP-Einheitsaufnahme

Blumen: bestimmen auf einen
Blick / Michael Lohmann. –
München; Wien; Zürich: BLV, 1992
  (Bestimmen auf einen Blick)
  ISBN 3-405-14298-9
NE: Lohmann, Michael

Bestimmungsplan:
Idee, Konzeption und Ausführung
Wilhelm Eisenreich

Grafiken: Folke Lindenblatt

Einbandentwurf:
Studio Schübel, München

Fotos auf dem Umschlag:
Vorderseite:
Reinhard (Wiesen-Margerite)
Rückseite:
Eisenbeiss (Hohe Schlüsselblume)
Pforr (Maiglöckchen, Früchte)

BLV Verlagsgesellschaft mbH
München Wien Zürich

8000 München 40

© 1992 BLV Verlagsgesellschaft mbH
München

Lektorat: Dr. Friedrich Kögel
Herstellung: Ernst Großkopf
Satz und Druck: Appl, Wemding
Bindung: Bückers, Anzing

Printed in Germany
ISBN 3-405-14298-9

Inhalt

Hinweise zur Benutzung

Die Auswahl der Arten

In Mitteleuropa dürften annähernd 2000 Pflanzenarten unter den Begriff Wildblumen fallen. Welche davon für den Laien interessant sind, ist so leicht nicht zu entscheiden. Sind es die besonders auffälligen Blumen? die besonders häufigen? oder aber gerade die selteneren? Schon bei der Frage häufig oder selten muß man oft zwischen den verschiedenen Landesteilen unterscheiden: Eine in Norddeutschland seltene oder gar fehlende Art, kann südlich der Donau durchaus häufig sein – und umgekehrt. Manche Arten kommen nur an der Küste oder nur in den Alpen vor. Und wie steht es mit so bekannten, inzwischen aber fast ausgestorbenen Arten wie dem Frauenschuh? Wie nötig und sinnvoll ist die Abbildung sehr ähnlicher Arten?

Bei den rund 250 im folgenden dargestellten und beschriebenen Arten haben wir uns die Wahl nicht leicht gemacht. Immer wieder haben wir geprüft, ob die gewählten Arten im deutschen Sprachraum auch genügend weit verbreitet sind, ob sie genügend auffällig sind, ob sie für wichtige Lebensräume und Standorte charakteristisch genug sind. So haben wir z. B. ausgesprochene Alpenblumen nicht mit aufgenommen. Dazu galt es, die unterschiedlichen Interessen an Pflanzen zu bedenken; der eine möchte die Unkräuter im Gartenbeet bestimmen, der andere Heilkräuter sicher von anderen Arten unterscheiden können. Daß bei all dem ein Kompromiß herauskommen muß, ist klar. Wir hoffen, ein für den Benutzer einigermaßen gelungener.

Die Reihenfolge und Beschreibung der Arten

Im Abschnitt »Pflanzenverwandtschaften« (S. 10ff.) gehen wir näher auf das System ein, nach dem die Pflanzen von der Wissenschaft eingeordnet werden, und dem auch wir in diesem Buch folgen. Die Reihenfolge der verschiedenen Gruppen (Familien) wurde in den letzten Jahren mehrfach umgestellt. Wir haben die heute übliche Reihenfolge gewählt, beginnend mit den Brennesselgewächsen (denen einige Gehölze vorausgehen, die in einem eigenen Bestimmungsband behandelt werden). Im Gegensatz zu vielen modernen Floren haben wir jedoch die Einkeimblättrigen mit den Lilien und Orchideen an den Schluß und nicht an den Anfang gesetzt.

Bei den Beschreibungen der einzelnen Arten haben wir besonderen Wert auf Unterscheidungsmerkmale zu ähnlichen Arten gelegt. Alle Merkmale, die auf den Fotos gut erkennbar sind, haben wir im Text nur kurz oder gar nicht beschrieben. Auf Symbole, wie sie in vielen Pflanzenbüchern üblich sind, haben wir weitgehend verzichtet, da einem deren Bedeutung immer wieder entfällt. Generell sind in der ersten Zeile rechts Höhe und Blütezeit der Art angegeben, darunter ein Hinweis, ob und in welchem Maß die Art in der Bundesrepublik Deutschland gefährdet ist (RL = Rote Liste) und ob sie nach der Bundesartenschutzverordnung zu den besonders geschützten Arten zählt (vgl. S. 20f.). In Klammern findet sich dann noch der Hinweis auf den Stand der zugehörigen Abbildung auf der gegenüberliegenden Seite.

Die Benutzung des Bestimmungsplans

Das Neue an unserem Bestimmungsbuch ist der in der hinteren Umschlagtasche steckende Faltplan. Mit ihm ist es möglich, auf einen Blick ähnliche Arten zu erkennen und von unähnlichen zu trennen.

Die Arten sind auf diesem Plan ausschließlich nach ihren Merkmalen im blühenden Zustand geordnet. Da die Blütenfarbe am auffälligsten für Laien ist, stellt sie das erste Ordnungsprinzip dar. Sodann wurden die Arten nach ihren Ähnlichkeiten im Blütenbau gruppiert. Entscheidend ist hier das äußere Erscheinungsbild, nicht die systematische Zugehörigkeit. Natürlich finden Sie oft aufgrund gemeinsamer Merkmale die Vertreter einer Familie beieinander, z.B. die Korbblütler oder die Schmetterlingsblütler. Oft haben aber auch Vertreter aus ganz unterschiedlichen systematischen Gruppen große Ähnlichkeit. Beispiele sind die Rote Lichtnelke und die Mehl-Primel oder Dost (Lippenblütler) und Wasserdost (Korbblütler).

Beim Betrachten der Bilder auf dem Faltplan werden Sie schnell feststellen, welchen Fotos oder welchem Foto die gefundene Pflanze gleicht.

Achten Sie neben der Blütenfarbe auch auf Merkmale wie »Zahl der Blütenblätter« oder »Form der Einzelblüte bzw. des Blütenstandes«.

Zu den Artenbeschreibungen verweist Sie unter jedem Foto im Faltplan (es sind Ausschnitte aus den Fotos im Bestimmungsteil) der Artname mit entsprechender Seitenzahl. Im Bestimmungsteil finden Sie die Arten gemäß ihrer Verwandtschaft geordnet. Alle Vertreter einer Familie stehen beieinander.

In vielen Fällen werden Sie »Ihre Blüte« eindeutig identifizieren können. In anderen Fällen können Sie aber auch feststellen, daß es mehrere Vertreter gibt, die in Frage kommen. Dann müssen Sie anhand der Texte und Fotos im Bestimmungsteil prüfen, welches die richtige Art ist. Da dort auch andere wichtige Merkmale genannt sind, empfiehlt sich dieses Überprüfen der Diagnose anhand der Texte auch in scheinbar eindeutigen Fällen.

Von Arten mit auffallenden Früchten sind im Bestimmungsteil auch die Früchte abgebildet. Auf dem Faltplan finden Sie diese als Leiste rechts neben den Blütenfarben Gelb und Weiß wiedergegeben. Eine Beziehung zu den Blüten dieser Seite besteht jedoch nicht.

Einführung

Von vielen Dingen haben wir eine Art inneres Bild; da genügt ein Blick zum Erkennen. Wir erkennen Menschen, Tiere, Autos, Häuser, Städte, Landschaften – und wir erkennen zumindest auch die eine oder andere Pflanze. Wenn uns auch der Name oft nicht gleich einfällt, so wissen wir die Sache doch einzuordnen. Manche Menschen besitzen ein besseres, manche ein schlechteres »visuelles Gedächtnis«. Man kann es aber schulen. Jeder kann Pflanzenkenner werden.

Das Einprägen von »Gestalten« (in der Psychologie spricht man von Gestaltwahrnehmung) geschieht zu einem erheblichen Teil unterbewußt. Es kann aber durch genaues Beobachten bewußt gefördert werden. Eine besonders wirksame Methode des Einprägens ist das Abzeichnen; es zwingt uns zum genauen Erfassen von Einzelheiten und Gesamtgestalt (Habitus). Aber auch das oft mühsame Bestimmen einer Pflanze nach einem Bestimmungsschlüssel lehrt einen – von Frage zu Frage – genau hinzuschauen. (Leider werden dabei auffällige Merkmale oft zugunsten lupenfeiner Unterschiede vernachlässigt.)

Woran erkennt man eine Pflanze?

Das Auffälligste an einer Pflanze ist zunächst einmal ihre <u>Größe</u> und <u>Gestalt</u>. Aufgrund dieser beiden Merkmale nehmen wir gewissermaßen die erste Grobeinteilung vor: Sehr große Pflanzen (10–30 m hoch) mit einem Stamm sind <u>Bäume</u>, große bis mittelgroße Pflanzen (1–10 m hoch) mit mehreren verholzten Haupttrieben sind <u>Sträucher</u>, größere krautige Pflanzen (0,5–2 m hoch) nennen wir meist <u>Stauden</u> oder <u>Hochstauden</u>, kleinere Blütenpflanzen (5–50 cm hoch) werden meist als <u>Kräuter</u> oder <u>Blumen</u> bezeichnet. Daß diese Einteilung manche Überschneidungen zuläßt und nicht ganz mit der Sprachregelung der Botaniker übereinstimmt (s. unten), soll uns zunächst nicht stören.

Dieses Bestimmungsbuch befaßt sich nur mit krautigen, also nichtholzigen Blütenpflanzen – unter Ausschluß der stattlichen, aber schwer bestimmbaren Gruppe der Gräser. Die verschiedenen »Blumen« oder »Kräuter« unterscheidet auch der ganz blutige Laie zumeist

an ihren <u>Blüten</u>. Sie sind nicht nur auffällig, sondern auch vielgestaltig und charakteristisch. In vielen Fällen kann man schon an Größe, Form und Farbe der Blüte (oder des Blütenstandes) die Art oder wenigstens die Artengruppe (Gattung oder Familie) erkennen. Gewisse Unterschiede in der Gestalt der Blüten fallen auch dem weniger Erfahrenen sofort auf: Die »Körbchenblüte« einer Margerite oder eines Gänseblümchens läßt sich auf einen Blick unterscheiden von dem zu einer Scheibe (Dolde) angeordneten Blütenstrauß des Kerbels oder Bärenklaus, oder von den blauen Glöckchen der Glockenblumen, von der »Löwenmaulblüte« des Leinkrauts, oder von der »Schmetterlingsblüte« einer Wicke oder Lupine. Diese Blütenähnlichkeiten und -unterschiede weisen auf Verwandtschaften hin und sind Grundlage der botanischen Systematik. Wenn wir uns wenigstens mit ihren Grundzügen vertraut machen (S. 10 ff.), so kann uns das bei der Artbestimmung sehr hilfreich sein.

Um eine Margerite von einer Glockenblume zu unterscheiden, braucht man keine Lupe; wer sie nicht kennt (d.h. kein inneres Bild von ihnen hat), der kann sie schon im Vergleich mit einer Abbildung bestimmen. Aber auch bei weniger offensichtlichen Unterschieden dienen die Blüten als wichtiges Erkennungsmerkmal; nur muß man dann genauer hinschauen. Dazu braucht man nicht immer eine Lupe, auf jeden Fall aber gewisse Grundkenntnisse vom Aufbau der Blüte und von der Bezeichnung ihrer Teile (S. 11 ff.). In manchen Fällen hilft auch die Beachtung der <u>Blütezeit</u> bei der Artbestimmung. Dabei ist allerdings auf »normale« Wuchsbedingungen zu achten. Zumindest zwei die Blütezeit störende Faktoren kann auch der Laie erkennen: Eingriffe des Menschen und Extremstandorte. Etliche Wiesenpflanzen blühen ein zweites oder sogar drittes Mal, wenn sie vor der Fruchtreife abgemäht wurden; das sind also keine echten Spätblüher. Auch eine Reihe von Einjährigen (z.B. Acker- und Gartenunkräuter) blühen noch ungewöhnlich spät, wenn sie durch Bodenbearbeitung erst spät keimten. Und daß in höheren Berglagen alle Pflanzen um Wochen später dran sind als in warmen Tallagen, ist wohl hinreichend bekannt.

Die <u>Laubblätter</u> der Pflanzen sind zwar nicht ganz so vielfältig gestaltet und vor allem gefärbt wie die Blüten, gleichwohl sind sie ein – ebenfalls zu wenig beachtetes – wichtiges Bestimmungsmerkmal. Ein Kenner vermag daher die meisten Arten auch ohne Blüten zu bestimmen, wobei ihm neben Größe, Form, Behaarung, Farbe und eventuell Geruch der Blätter allerdings auch Gesamtgestalt, Standort usw. eine Hilfe sind. Um die vielerlei Blattformen beschreiben und verstehen zu können, müssen wir uns auch hier mit einigen Fachausdrücken bekannt machen (S. 15).

Recht charakteristisch, wenn auch nicht so auffällig wie Blüten und Blätter, sind auch die <u>Früchte</u> der meisten Pflanzen. Bei den schwer zu unterscheidenden Doldenblütlern geben sie oft den Ausschlag bei der Artbestimmung, wobei von Nutzen ist, daß hier Blüten und (unreife) Früchte vielfach gleichzeitig an derselben Pflanze zu finden sind. Auch hier sollten wir uns mit einigen botanischen Fachausdrücken vertraut machen.

Neben Blüte, Blatt und Frucht treten andere Merkmale bei der Bestimmung stark in den Hintergrund – oft freilich nur aus praktischen Gründen. So läßt sich der oft recht charakteristische <u>Geruch</u> oder <u>Geschmack</u> einer Pflanze nur schwer beschreiben. Aussehen und Beschaffenheit der <u>Wurzel</u> spielen heute bei der Artbeschreibung eine viel geringere Rolle als in früheren Zeiten, da man – unter anderem beim Prüfen der Verwertbarkeit – Wildpflanzen viel hemmungsloser auch ausgrub.

Pflanzen sind in der Landschaft nicht zufällig verteilt. Diese Tatsache – daß nämlich die meisten Arten bestimmte <u>Standorte</u> bevorzugen und viele Arten keineswegs gleichmäßig über ganz Mitteleuropa verbreitet sind – kann bei der Artbestimmung sehr hilfreich sein. Die wichtigsten Großstandorte kann auch der Laie ohne weiteres unterscheiden, etwa
– Äcker, Schutt-, Kiesplätze, Wege
– Trocken- und Magerrasen, steinige Hänge, Mauern
– Fettwiesen und -weiden
– Wälder, Waldränder, Gebüsche, Auen
– Alpen
– Meeresstrand und -küste.
Da viele Pflanzenarten nur oder überwiegend in einem dieser Lebensräume vorkommen, läßt sich die zunächst verwirrende Artenvielfalt unserer Flora allein damit schon deutlich reduzieren. Bei der Qual der Wahl zwischen ähnlichen Arten kann ein Blick auf die Standortansprüche oft den Ausschlag geben. Das gleiche gilt für die <u>geographische Verbreitung</u> vieler Arten: Eine bisher nur in Nordwestdeutschland gefundene Art kann zwar vereinzelt auch einmal im Alpenvorland entdeckt werden (unsere mobile Gesellschaft transportiert auch Pflanzensamen über weite Strecken), die Wahrscheinlichkeit ist aber sehr gering, was die Entscheidung zwischen zwei Arten wesentlich erleichtert.

Pflanzenverwandtschaften

Seit dem schwedischen Naturforscher Linné (1707–1778) versucht man in die große Formenfülle der Lebewesen eine Ordnung zu bringen, die auf verwandtschaftlichen Zusammenhängen beruht. Zwar sind wesentliche (!) Ähnlichkeiten meist auch ein Hinweis auf Verwandtschaft, da ja nach Darwin eine Art aus der anderen durch nur kleine Änderungen hervorgeht. Ähnlichkeit kann aber auch durch Anpassung an ähnliche Bedingungen zustandekommen oder rein zufällig sein. Die Aufgabe des Systematikers oder Taxonomen ist es, hier Wichtiges von Unwichtigem zu unterscheiden und eine Ordnung zu schaffen, die nicht nur den Überblick erleichtert, sondern auch die Entwicklung (Evolution) des Pflanzenreichs in einem »natürlichen System« in etwa nachvollzieht. Durch den Wissensfortschritt kommt es immer wieder zu Umgruppierungen und Umbenennungen der wissenschaftlichen Namen – eine recht ärgerliche Tatsache für den Blumenliebhaber.

Man gliedert das Pflanzenreich gewöhnlich in sieben große Gruppen (in Klammern die geschätzte Zahl der heute noch insgesamt lebenden Arten):

- Bakterien und Blaualgen (3600)
- Algen (Grün-, Kiesel-, Rot- und Braunalgen, 33 000)
- Moose (26 000)
- Pilze und Schleimpilze (120 000)
- Flechten (16 000)
- Farnpflanzen (Farne, Bärlapp- und Schachtelhalmgewächse, 15 000)
- Samenpflanzen (Nackt- und Bedecktsamer, 236 000).

Von den rund 250 000 Farn- und Blütenpflanzen sind in Deutschland nur etwa 1%, also 2500 Arten heimisch. Die einzelnen Arten – deren Abgrenzung gegen Nächstverwandte oft nicht einfach ist – werden seit Linné mit einem wissenschaftlichen Doppelnamen benannt. Dabei bezeichnet der erste (stets großgeschriebene) Name die engste Verwandtschaftsgruppe oberhalb der Art; es ist der Name der Gattung. Der zweite, kleingeschriebene Name bezeichnet dann die Art.

Die deutschen Pflanzennamen sind in der Regel ältere Volksnamen, denen keine wissenschaftliche Systematik zugrundeliegt. So beruhen die Namen Blut-»Weiderich« und Gilb-»Weiderich« (die ganz verschiedenen Familien angehören) nur auf der Ähnlichkeit der Blätter beider Arten mit Weidenblättern. Nur bei weniger volkstümlichen Arten entspricht die deutsche Bezeichnung vielfach der wissenschaftlichen, indem der Artname (vorne) und der Gattungsname (hinten) zu einem Doppelnamen zusammengefügt werden: *Ranunculus arvensis* wird zum Acker-Hahnenfuß und *Ranunculus acer* zum Scharfen Hahnenfuß.

So wie die Arten zu Gattungen zusammengefaßt werden, ordnet man verwandte (ähnliche) Gattungen zu Familien. Die Pflanzenfamilien lassen gewöhnlich eine Reihe deutlicher Gemeinsamkeiten der ihr zugehörenden Arten erkennen, vor allem im Bau der Blüten, aber auch in vielen anderen Merkmalen. Es erleichtert die Artbestimmung ganz wesentlich, wenn man bei einer unbekannten Pflanze zunächst (vor allem anhand der Blüten) die Familienzugehörigkeit feststellen kann. Bei einigen unserer größten Familien ist das im allgemeinen nicht schwierig, wenn es auch im Einzelfall immer wieder Fallstricke gibt. Da hilft nur ständige Übung und jahrelange Erfahrung.

Einige Pflanzenfamilien und ihre Kennzeichen

Die Bedeutung einer Pflanzenfamilie hängt nicht nur von der Zahl der Arten ab, sondern auch davon, wie häufig die einzelnen Arten sind, welche ökologische Rolle sie spielen, wie landschaftsprägend sie sind (z.b. Bäume oder Gräser) und nicht zuletzt davon, wie nützlich sie dem Menschen als Nutz- und Zierpflanzen sind. Die im folgenden beschriebenen Familien sind gleichwohl nach der Zahl der bei uns vorkommenden Arten ausgewählt und angeordnet, allerdings ohne die in diesem Band nicht behandelten Süß- und Sauergräser, die an dritter und sechster Stelle stünden.

Die charakteristische Blütenform der Korbblütler (S. 142–167) ist die der Margerite oder des Löwenzahns: Viele kleine Einzelblüten sind hier so dicht auf einem Blütenboden versammelt, daß der Eindruck einer einzigen großen Blüte entsteht. Dies besonders dann, wenn die äußeren Blüten die Gestalt von Kronblättern besitzen (Zungenblüten), die noch dazu oft anders gefärbt sind als die im Zentrum eine Scheibe bildenden Röhrenblüten.

Unsere zweitgrößte Familie ist die der Rosengewächse (S. 56–61). Die einfache Heckenrose läßt den typischen Blütenbau erkennen: Je 5 freie Kelch- und Kronblätter umhüllen

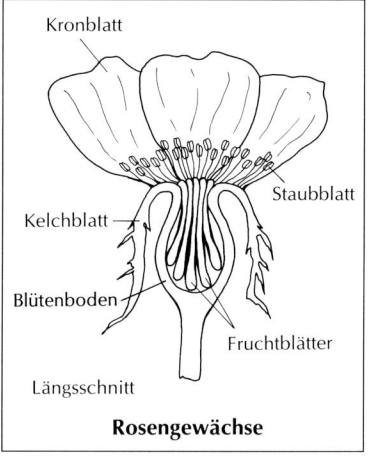

Rosengewächse

eine Vielzahl von Staubblättern. Die Fruchtknoten liegen in einem versenkten Blütenboden und sind dadurch unterständig; in den offenen Blütenbereich ragen nur die dicht gedrängten Griffel und Narben. Die Blätter sind oft wie bei der Rose gefiedert und tragen an der Basis zwei Nebenblätter.

Die Familie der Schmetterlingsblütler (S. 62–71) ist leicht am Bau ihrer Blüten und an anderen, charakteristischen Merkmalen zu erkennen. Besonders die größeren Blüten erin-

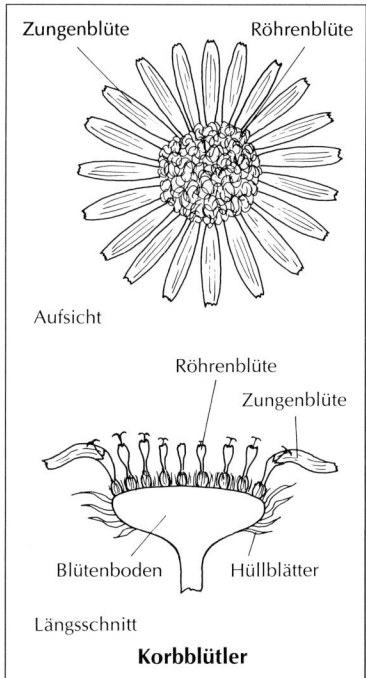

Korbblütler

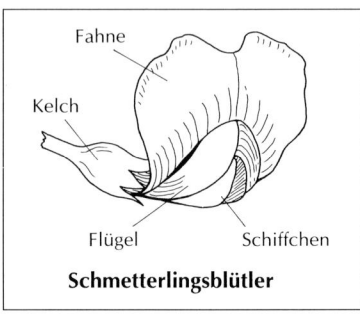

Schmetterlingsblütler

nern an einen sitzenden Schmetterling. Die Blüte besteht aus 5 Kronblättern, von denen die unteren zwei zu einem »Schiffchen« verwachsen sind, in dem die Staubblätter und der Stempel liegen. Die beiden seitlichen Kronblätter werden »Flügel« genannt. Am größten und prächtigsten ist das nach oben gerichtete 5. Kronblatt, die »Fahne«. Von den 10 Staubblättern sind meist 9 zu einer Röhre verwachsen. Weitere Charakteristika der Schmetterlingsblütler sind Fiederblätter, Hülsenfrüchte und Wurzelknöllchen mit stickstoffsammelnden Bakterien.

Die Blüten der Kreuzblütler (S. 50 bis 53) sind auf der Vierzahl aufgebaut, was die Blüten kreuzförmig macht. Die Zahl der Staubblätter ist 6. Der Fruchtknoten besteht aus 2

miteinander verwachsenen Fruchtblättern, die sich zu einer Schotenfrucht auswachsen. Ein wichtiges Bestimmungsmerkmal stellen die Früchte dar, wobei man lange, schmale »Schoten« von mehr rundlichen »Schötchen« unterscheidet. Viele Kreuzblütler enthalten Senföl, das ihnen den charakteristischen Kohl-, Senf- oder Kressegeruch und -geschmack verleiht.

Die Braunwurzgewächse, auch Rachenblütler genannt (S. 126–133), besitzen 4–5zählige Blüten, die im typischen Fall »löwenmaul«-ähnlich

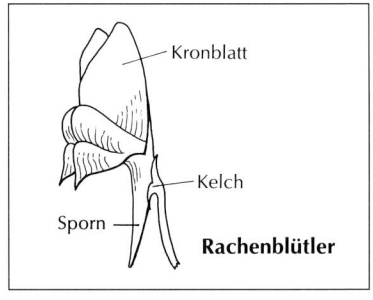

Rachenblütler

als Blütenröhre mit Schlund ausgebildet sind (z. B. Löwenmaul und Fingerhut). In anderen Fällen ist die Krone offen und sternförmig (Ehrenpreise mit 4 Kronblättern). Dann gibt es Zwischenformen, wie die Blüten der Königskerzen. Auch die Zahl der Staubblätter variiert von 5 bei den Königskerzen über 4 bei der Braunwurz bis 2 bei den Ehrenpreisen.

Die 5zähligen Blüten der Nelkengewächse (S. 30–35) sind sternförmig symmetrisch gebaut. Charakteristisch ist die Form ihrer Kronblätter: Sie sind im unteren Teil stiftartig schmal, im oberen Teil nach einem Knick ausgebreitet. Ihre Ähnlichkeit mit einem Nagel hat zur Bezeichnung Nelke geführt. Der Kelch bildet eine enge oder aufgeblasene Röhre. Nur die Gattungen mit sehr kleinen,

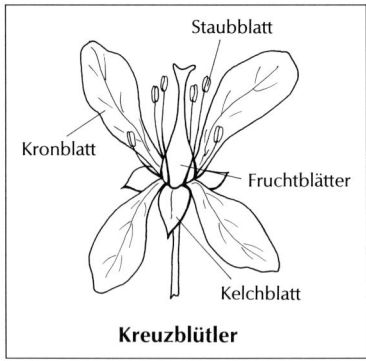

Kreuzblütler

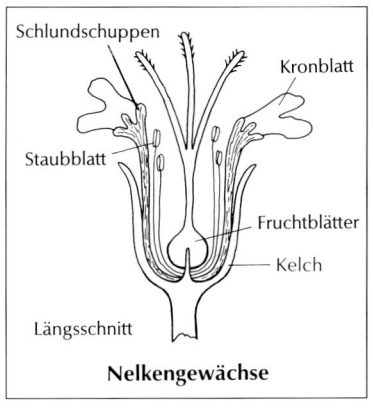

Schlundschuppen

Kronblatt

Staubblatt

Fruchtblätter

Kelch

Längsschnitt

Nelkengewächse

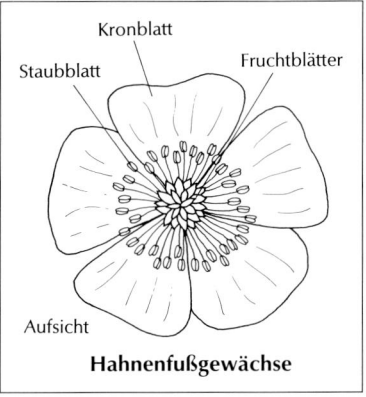

Kronblatt

Staubblatt

Fruchtblätter

Aufsicht

Hahnenfußgewächse

unscheinbaren Blüten (z. B. Mieren und Hornkräuter) haben freie Kelchblätter.

Schwieriger ist es, die Gemeinsamkeiten der Hahnenfußgewächse (S. 38–45) zu erkennen. Bei ziemlich verschieden gestalteten Blütenformen ist allen Arten eine Vielzahl von Staub- und Fruchtblättern eigen, wobei die einzelnen Fruchtblätter nicht zu einem Fruchtknoten verwachsen, sondern in ursprünglicher Weise zu einer Art Zapfen zusammenstehen. Bei vielen Arten finden wir interessante Übergänge zwischen Laub-, Kelch-, Blüten- und Staubblättern.

Die Doldengewächse (S. 90–95) sind durch ihre schirmförmigen Blütenstände leicht erkennbar – sofern man sie nicht mit Vertretern anderer Familien mit schirmförmigen Blü-

tenständen wie Wasserdost (S. 143) oder Schafgarbe (S. 145) verwechselt: Bei einer echten Dolde gehen die Äste oder Strahlen immer von ei-

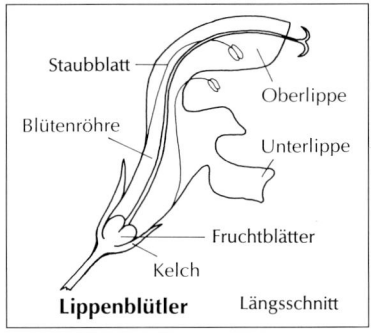

Staubblatt

Oberlippe

Blütenröhre

Unterlippe

Fruchtblätter

Kelch

Lippenblütler Längsschnitt

nem Punkt aus. Zur Bestimmung der oft schwer zu unterscheidenden Arten spielt die Form der Früchte eine wichtige Rolle.

Als letzte bedeutende Familie sei die der Lippenblütler (S. 112–123) erwähnt. Die verwachsenblättrige Blüte mit Ober- und Unterseite erinnert an Rachenblütler oder Schmetterlingsblütler. Deutlich ausgebildet sind Ober- und Unterlippe, während die seitlichen Kronblätter oft als Nebenlappen der Unterlippe erscheinen. Das beste Unterscheidungsmerkmal (z. B. gegenüber

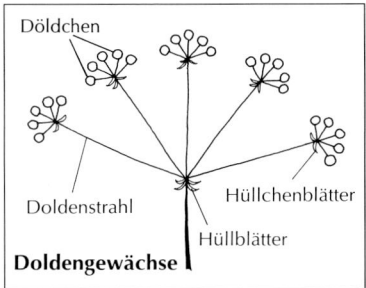

Döldchen

Doldenstrahl

Hüllchenblätter

Hüllblätter

Doldengewächse

Rachenblütlern) ist der 4teilige Fruchtknoten. Die am Grunde des Kelches im Quadrat sitzenden 4 Nüßchen sind bereits in der Blüte erkennbar. Die Zahl der Staubblätter ist ebenfalls 4, nur die Salbei-Arten haben 2. Weitere Kennzeichen der Familie sind: kreuzgegenständig angeordnete Blätter, vierkantiger Stengel, ätherische Öle.

Für die Praxis des Pflanzenbestimmens sind weitere systematische Unterscheidungen ohne große Bedeutung. Vertreter aus hier nicht beschriebenen Familien können meist leicht als solche aufgrund ihrer Ähnlichkeit zu anderen in diesem Führer vorgestellten Arten aus dieser Familie erkannt werden. Die Unterscheidung von Einkeimblättrigen und Zweikeimblättrigen ist zur Vorsortierung nützlich, wobei man freilich nicht die Keimblätter zählt, sondern die Einkeimblättrigen an ihren meist gras- oder schwertlilienartigen Blättern und 3teiligen Blüten erkennt.

Vom Bau der Pflanzen

Sofern wir eine Pflanze nicht sofort durch den Vergleich mit einer Abbildung identifizieren können, müssen wir sie uns genauer ansehen und die Einzelheiten ihres Aussehens mit Beschreibungen charakteristischer Merkmale vergleichen. Zur leichteren Verständigung ist es ratsam, sich mit einigen Fachausdrücken vertraut zu machen.

Die wichtigsten Teile einer Blütenpflanze sind die Wurzel, die Sproßachse (auch als Stengel, Rute oder Stamm bezeichnet), das (Laub-)Blatt und die Blüte. Blatt und Blüte können an einem Stiel sitzen. Aus der Blüte geht die Frucht hervor. Wo viele Blüten und Früchte mehr oder weniger dicht gedrängt zusammen-

stehen, spricht man vom Blüten- oder Fruchtstand.

Die merkwürdige Form der **Wurzel** hat vielen Pflanzen ihren Namen gegeben. Neben ihrer Funktion, Wasser- und Nährsalze aufzunehmen, dienen Wurzeln nämlich oft auch als Speicherorgane zur frostgeschützten Überwinterung; sie sind dann als Knolle oder Rübe verdickt. Nicht alle unterirdischen Speicherorgane sind jedoch Wurzelbildungen. Blätter und Blattansätze verraten auch an unterirdischen Organen immer Bildungen des Sprosses, so bei Zwiebeln und Kartoffeln. Wurzelähnliche, unterirdische Sprosse werden Rhizome genannt.

Auch die oberirdische **Sproßachse**, der **Stengel** einer Pflanze kann sehr vielfältig ausgebildet sein: gestreckt oder gestaucht, aufrecht oder aufsteigend, kletternd, windend oder liegend. Im Querschnitt ist der Stengel rund oder kantig, durch vorspringende Leisten »geflügelt«, oder abgeflacht »zweischneidig«. Kennzeichnend ist die Gliederung in Stengelglieder (Internodien) und Knoten (Nodien). An den Knoten entspringen die Blätter und Seitensprosse. Verholzte Sproßachsen nennt man Stamm oder Zweig. Liegende Stengel können als ober- oder unterirdische, der Ausbreitung und Vermehrung dienende Ausläufer ausgebildet sein. Von der verkürzten und verdickten, der Speicherung dienenden unterirdischen Sproßachse (Wurzelstock oder Rhizom genannt) war schon die Rede.

Beim **Blatt** unterscheidet man die Blattfläche (Spreite), den Blattstiel und den meist verbreiterten, oft Nebenblätter tragenden Blattgrund. Stiel und Grund können bei »sitzenden« Blättern fehlen. Der Blattgrund kann auch als stengelumfassende Blattscheide ausgebildet sein. Die

Blattfläche wird von Blattnerven (auch Adern genannt) durchzogen, wobei man streifen- oder parallelnervige von netznervigen Blättern unterscheidet. Die Bezeichnungen der verschiedenen Formen des Blattes und des Blattrandes sind der Zeichnung zu entnehmen, wobei ganzrandige von gegliederten (gelappten und zusammengesetzten) Blättern zu unterscheiden sind. Bei den Schmetterlingsblütlern kann die Spitze (Endfieder) der Fiederblätter, manchmal auch das ganze Blatt, zu Blattranken umgebildet sein. (Die Ranken des Weins sind umgebildete Seitensprosse.) Wichtig ist auch noch die Blattstellung: Bei paarig einander gegenüberstehenden Blättern spricht man von gegenständiger Stellung; bei mehreren Blättern je Knoten von quirlständiger Stellung. Wechselständig ist die Blattstellung, wenn die Blätter einzeln in unterschiedlicher Richtung am Stengel sitzen. Grundständige Blätter bilden eine am Stengelgrund gedrängte Rosette.

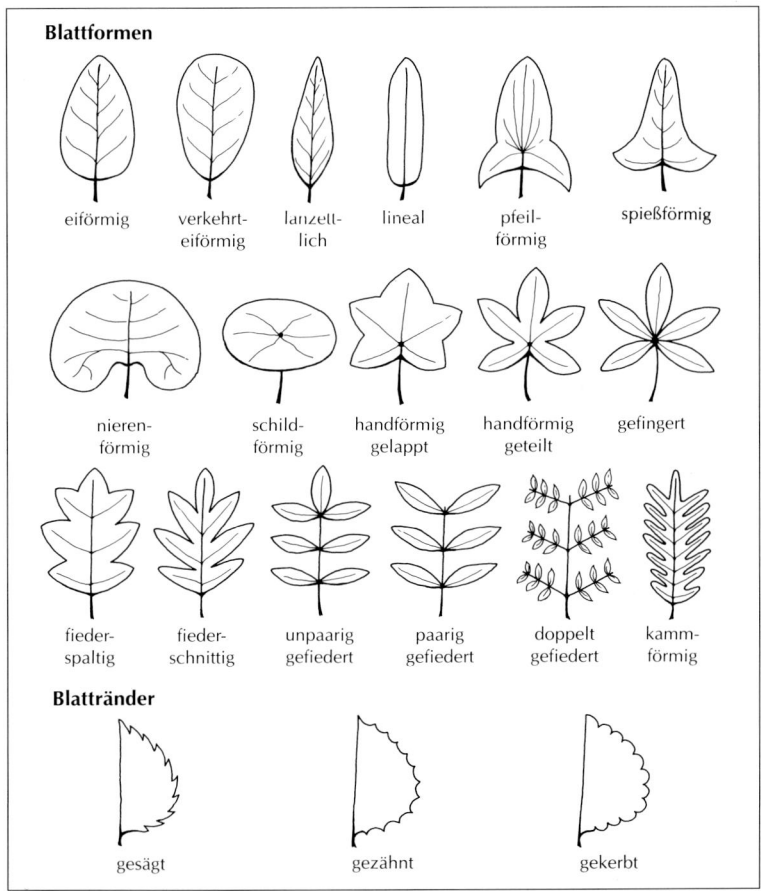

Blattformen

eiförmig   verkehrt-eiförmig   lanzettlich   lineal   pfeilförmig   spießförmig

nierenförmig   schildförmig   handförmig gelappt   handförmig geteilt   gefingert

fiederspaltig   fiederschnittig   unpaarig gefiedert   paarig gefiedert   doppelt gefiedert   kammförmig

Blattränder

gesägt   gezähnt   gekerbt

Niederblätter sind zu Schuppen reduzierte Blätter; man findet sie z.B. an unterirdischen Sprossen oder als Knospenschuppen. Deckblätter (Trag- oder Stützblätter) heißen Blätter, aus deren Achsel ein Seitensproß oder eine Blüte entspringt. Hochblätter heißen alle kleinen Blätter der Blütenregion, sofern sie nicht klar als Blütenblätter erkennbar sind.

Auswüchse der Stengelrinde nennt man Stacheln, zugespitzte Kurztriebe oder Blätter werden als Dornen bezeichnet. Rosen haben also Stacheln!

Die **Blüte** besteht aus der äußeren Blütenhülle sowie den Staub- und Fruchtblättern. Die Blütenhülle (das Perianth) kann in Kelch und Krone gegliedert sein; bei gleichförmig ausgebildeten Blütenhüllblättern spricht man vom Perigon. Die meisten Blüten sind zwittrig, enthalten also Staub- und Fruchtblätter. Befinden sich auf einer Pflanze nur männliche oder weibliche Blüten, nennt man sie zweihäusig. Weitere Bezeichnungen der Blüte können der Zeichnung entnommen werden.

Im Blütenstand treten mehrere bis

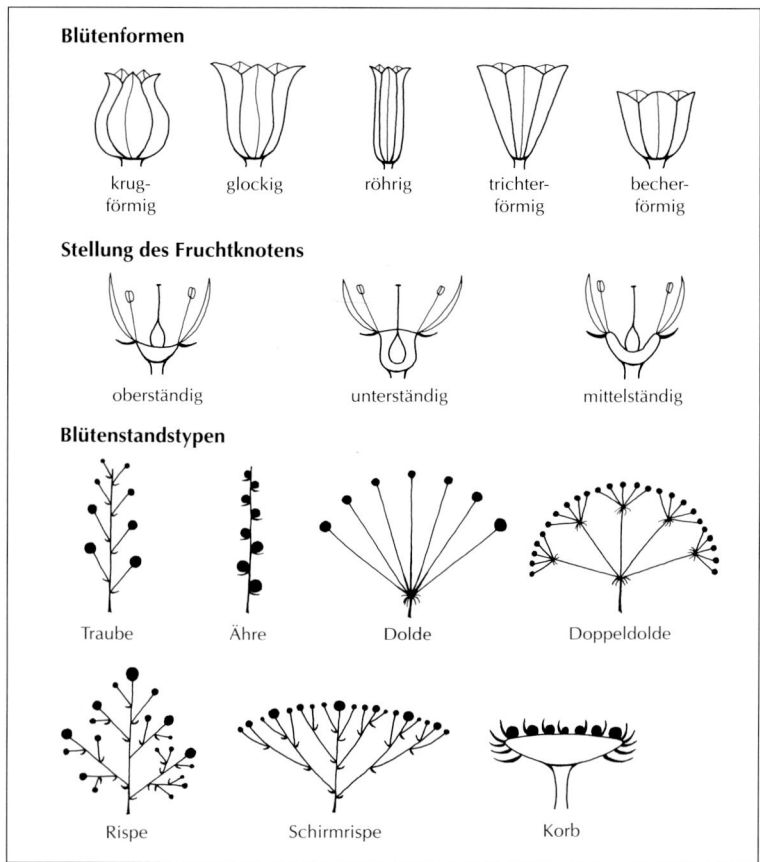

Blütenformen

krug-
förmig

glockig

röhrig

trichter-
förmig

becher-
förmig

Stellung des Fruchtknotens

oberständig

unterständig

mittelständig

Blütenstandstypen

Traube

Ähre

Dolde

Doppeldolde

Rispe

Schirmrispe

Korb

viele Einzelblüten in einer Weise zusammen, daß oft der Eindruck einer einzigen Blüte entsteht, so vor allem bei den Korbblütlern. Wie man die verschiedenen (einfachen oder zusammengesetzten) Blütenstände benennt, zeigt die Zeichnung.

Die **Früchte** sind als Trockenfrucht (Nuß, Nüßchen, Balgfrucht, Hülse, Schote und Kapsel) oder als fleischige Frucht (Beere und Steinfrucht) ausgebildet. Viele Früchte besitzen Ausbildungen, die der Verbreitung durch Wind, Wasser oder Tiere dienen: Schirmchen, Propeller, Kletthaken usw. Beerensamen werden meist durch Vögel (nach Verdauung der fleischigen Hülle) verbreitet. Manche Samen tragen Anhängsel, die von Ameisen geschätzt werden. Die Ameisen tragen damit zur Verbreitung der Samen bei.

Pflanzengesellschaften

»Nur wenige Pflanzen sind wirklich gemein und verbreitet,« schreibt E. Oberdorfer in seiner Pflanzensoziologischen Exkursionsflora. Die meisten Arten bevorzugen bestimmte Standorte. Entweder kommen sie ausschließlich dort vor, oder aber sie erreichen nur dort ihre Massenentfaltung. Eine weitere Tatsache ist, daß eine Pflanzenart selten von Natur aus größere Reinbestände bildet; sie kommt fast immer in Gesellschaft mit anderen Arten vor. Aus diesen beiden Beobachtungen läßt sich bereits der ebenfalls durch Beobachtung zu bestätigende Schluß ziehen, daß es standorttypische Pflanzengemeinschaften gibt.

Vegetationskunde und Pflanzensoziologie haben sich in den letzten Jahrzehnten intensiv den Fragen der Standortbeziehungen der einzelnen Arten und ihrer Vergesellschaftung gewidmet. Die Ergebnisse öffnen nicht nur den Blick für interessante Zusammenhänge zwischen Pflanze und Umwelt, sie können auch ganz wesentlich zur Bestimmung von Arten beitragen.

Die verschiedenen Vegetationseinheiten sind hierarchisch gegliedert. Die unterste Einheit nennt man Assoziation; sie ist aufgrund von Vergleichen wissenschaftlich beschrieben worden und durch Charakter- oder Kennarten gekennzeichnet. Die größeren Einheiten werden von den verschiedenen Autoren unterschiedlich gefaßt und benannt. Wir wollen im folgenden eine Auswahl der größeren, mitteleuropäischen Einheiten (Klassen nach Oberdorfer) anführen, um auch dem Laien den Blick für Standort und Gesellschaft zu schärfen.

– verschiedene Meeresküsten-Gesellschaften
– Felsspalten- und Mauerfugen-Gesellschaften
– Steinschutt- und Geröll-Gesellschaften
– Getreideunkraut-Gesellschaften
– Hackunkraut- und Ruderal-Gesellschaften
– mehrjährige Ruderal-Gesellschaften an Schuttplätzen, Wegen, Wald- und Uferrändern
– Wasserpflanzen-Gesellschaften
– Röhrichte und Großseggensümpfe
– Flach- und Zwischenmoore
– Grünland-Gesellschaften
– Trocken- und Halbtrockenrasen
– verschiedene Alpen-Gesellschaften
– zwergstrauchreiche Hochmoor-Torfmoos-Gesellschaften
– Schlagfluren und Vorwald-Gesellschaften
– Hochstaudenfluren und Hochstaudengebüsche des Berglands
– Weidengebüsche, Weidenwälder
– Bruchwälder und -gebüsche

- Kiefernwälder
- nordische Nadelwälder und Zwergstrauch-Gebüsche
- Sommergebüsch und Sommerwälder (Laubwälder).

Wie bereits aus dieser Aufstellung zu entnehmen, wird ein Standort durch die verschiedensten Faktoren bestimmt. Entscheidend sind insbesondere Wasserführung, Bodenbeschaffenheit sowie groß- und kleinklimatische Faktoren wie Licht und Wärme, Luftfeuchtigkeit und der Jahresgang von Temperatur und Niederschlägen. Das Vorkommen oder Fehlen einer Pflanze an einem Standort wird aber nicht nur durch ihre Fähigkeiten gegenüber den physikalisch-chemischen (abiotischen) Bedingungen bestimmt, sondern auch durch ihre Fähigkeit, sich gegenüber anderen Pflanzen durchzusetzen (Konkurrenzkraft) und durch ihre großräumige Verbreitung, die allerdings stark mit den großklimatischen Bedingungen zusammenhängt. Wenn eine Pflanze hauptsächlich auf salzigen, auf trockenen oder auf nassen Böden vorkommt, so bedeutet das keineswegs, daß dies ihr Optimalstandort ist. Es bedeutet meist viel eher, daß sie konkurrenzschwach ist, also keinen besseren Platz gefunden hat. Man spricht daher heute nicht mehr von salzliebenden oder schattenliebenden, sondern von salzgebundenen oder schattenertragenden Arten.

Bei den Standortangaben zu Boden und Wasserhaushalt spielen folgende Begriffe eine wichtige Rolle: Basisch, alkalisch, kalkhaltig weist auf »milde« (Kalk-)Böden mit geringem Säuregehalt hin. Saure Böden bilden sich meist bei unvollständiger Verrottung durch Huminsäuren. Hierbei ist zu unterscheiden zwischen den nährstoffreichen Niedermoortorfen (Sumpfhumusböden) und den nähr-

stoffarmen Hochmoor-Torfböden. Zur Bodensäure neigen auch kalkarme Silikatgesteine. Böden mit geringem Nährstoffgehalt werden auch als »mager« bezeichnet. Die Körnung eines Bodens wird mit zunehmender Feinheit als Stein/Kies, Sand, Schluff, Lehm und Ton bezeichnet. Die Wasserverhältnisse werden mit naß, feucht, frisch und trocken benannt; sickerfeucht oder sickerfrisch sind Standorte mit bewegtem Wasser. Wechselfeuchte Standorte sind durch starke Wasserschwankungen gekennzeichnet; bei wechseltrockenen überwiegt der trockene Zustand. Bei den Standortangaben tauchen immer wieder Wörter auf, in denen diese bodenbeschreibenden Hinweise mit pflanzensoziologischen Begriffe verbunden werden. Oft steht auch die Bezeichnung der Pflanzengesellschaft für die Beschaffenheit des Bodens. Vor allem Wiesen und Wälder kommen in verschiedenen Ausbildungen und Bezeichnungen vor.

Unter Wiese versteht man ganz allgemein eine Gesellschaft von Gräsern und Kräutern; man spricht allgemein auch von Grünland-Gesellschaften. Natürliche Wiesen sind bei uns Salzwiesen und Bergmatten (oberhalb der Waldgrenze). Alle andern Wiesen sind (außerhalb des Steppenklimas) durch Bewirtschaftung entstanden. Entsprechend spricht man auch von Wirtschaftswiesen, die je nach der Art der Nährstoff- und Wasserversorgung als Fettwiesen (reichliche Versorgung), als Halbmager- oder Hblbtrockenrasen (mäßige Versorgung), als Mager- oder Trockenrasen (geringe Versorgung) bezeichnet werden. Nach der Art der Bewirtschaftung unterscheidet man Wiesen oder Mähwiesen von Weiden, auf denen Tiere weiden. Wo beides der Fall ist, spricht man von Mähweiden. Bei der Bezeichnung Rasen bleibt offen, ob es sich dabei um natürliche oder landwirtschaftliche Wiesen oder um Weiden handelt.

Wie die oben aufgeführte Liste zeigt, wird bereits bei den größeren Pflanzengesellschaften zwischen mehreren Waldtypen unterschieden. Sogar umgangssprachlich wird hier differenziert: Bruch- und Auwälder (auch Auenwälder) stehen auf nassen Böden, wobei Bruch mehr auf stehendes Wasser, Aue auf fließendes Wasser (mit zeitweiligen Überschwemmungen) hindeutet. Als Sommerwälder werden Laubwälder verschiedener Zusammensetzung bezeichnet. Auwälder können auch als frische Sommerwälder bezeichnet werden. Nach dem topographischen Standort spricht man auch von Hang-, Kuppen-, Bergwäldern.

Hilfreich beim Bestimmen (Ausscheiden) von Arten ist auch ein Blick auf eine Verbreitungskarte. Im »Atlas der Farn- und Blütenpflanzen der Bundesrepublik Deutschland« ist die Verbreitung jeder Pflanzenart in einer eigenen Arealkarte meßtischblattgenau dargestellt. Ausführliche Verbreitungsangaben (wenn auch leider selten Karten) finden sich aber auch in vielen Bestimmungsbüchern. Manche Fehlbestimmung läßt sich vermeiden, wenn man feststellt, daß die vermutete Art von Kennern weit und breit im Umkreis nicht gefunden wurde.

Pflanzen in den Jahreszeiten

Wie eingangs bereits festgestellt, hängt die Blütezeit einer Pflanzenart auch von Außenfaktoren ab, vom Kleinklima des Standorts, von Eingriffen des Menschen und anderem. Im wesentlichen aber ist die Zeit des Blühens bei den meisten Arten unseres Klimabereichs erblich festgelegt und darum als Artmerkmal auch für die Bestimmung von Interesse. Gesteuert wird der Zeitpunkt (besser: Zeitraum) des Blühens durch Temperatur und/oder Tageslänge. Man unterscheidet Kurztagpflanzen, die im Frühjahr oder Herbst blühen, von sommerblühenden Langtagpflanzen.

Nach der blumenlosen Winterzeit erregen die Frühblüher unser besonderes Interesse. Die meisten von ihnen sind Laubwaldbewohner und mehrjährige Pflanzen (Stauden), die im Wurzelbereich Reservestoffe speichern (Geophyten). Die in Zwiebeln, Knollen, Rhizomen und Wurzeln gespeicherten Reserven ermöglichen es ihnen, rasch und oft noch vor den Blättern Blüten hervorzubringen. Eile ist am Laubwaldboden nötig, da praktisch der gesamte Entwicklungszyklus bis zur Fruchtbildung abgeschlossen sein muß, bevor das Laubdach der Bäume, die höheren Stauden und Sträucher das Licht am Boden auf ein Minimum reduzieren. Märzenbecher, Buschwindröschen, Schlüsselblume, Lerchensporn und viele andere Frühblüher sind darum oft schon ab Mai kaum noch zu finden, da auch ihre Blätter bald hinschwinden; sie »ziehen ein«, sagt man.

Eine zweite große Blühphase erleben wir im Mai/Juni. Vor allem Wiesenblumen fallen in dieser Zeit durch große Bestände ins Auge. Solche das Bild bestimmenden Erscheinungen nennt man Aspekte. Bei den Wiesen folgt oft ein (Farb-)Aspekt rasch auf den anderen: In der ersten Aprilhälfte kommen die dicht am Boden blühenden, weniger auffälligen Arten zum Zuge: Gänseblümchen, Ehrenpreis, Braunelle. Ende April, Anfang Mai bestimmt der

Löwenzahn die Szene. Sein massives Goldgelb geht im Mai in das zarter verteilte Gold des Scharfen Hahnenfußes über, das noch aufgelockert sein kann durch das »schaumige« Rosaweiß des Wiesen-Schaumkrauts. Dazwischen findet man die Rote Lichtnelke, die Kukkucks-Lichtnelke, den Wiesen-Klee als rote Farbtupfer. Auf Güllewiesen beherrscht im Mai der Wiesen-Kerbel mit seinen weißen Dolden das Bild. Gegen Ende Mai und in den Juni hinein blühen dann – sofern die Wiese nicht schon gemäht wurde – Wiesen-Bocksbart und Wiesen-Pippau gelb, Wiesen-Sauerampfer rötlichbraun, Wiesen-Bärenklau mit weißen Dolden, Klappertopf gelb, Wiesen-Flockenblume und Wiesen-Glockenblume (wo es sie noch gibt) blauviolett.

Im Juni und bis in den Juli hinein herrscht in unseren Landschaften dann oft eine Zeit geringer Blüte, was zum Teil mit der Art der landwirtschaftlichen Nutzung zusammenhängt. Ab Juli beginnen dann viele der höheren Stauden zu blühen: Blut- und Gilbweiderich, Mädesüß und Sumpf-Storchschnabel an feuchteren Orten; Seifenkraut, Acker-Senf, Resede, Malve, Johanniskraut, Nachtkerze, Pastinak und Wilde Möhre, Natternkopf, Eisenkraut, Königskerze, Beifuß und viele Disteln an Wegen, Dämmen, Böschungen und Schuttplätzen.

Ausgesprochene Herbstblüher sind in unserem Klimabereich verständlicherweise selten, da die Zeit bis zum Ende der Vegetationsperiode zur Ausbildung reifer Samen knapp ist. Man kann sie vielleicht in drei Gruppen einteilen: Heimische Arten, die nur oder überwiegend im Herbst blühen (z.B. Herbstzeitlose und verschiedene Enzian-Arten), heimische Arten, die bis in den Herbst oder

noch einmal im Herbst blühen und schließlich aus anderen (wärmeren) Ländern eingewanderte oder eingeschleppte Arten (Neophyten), wie etwa Kanadische Goldrute, Kanadisches Berufkraut, Japanischer Staudenknöterich oder aus dem Mittelmeergebiet stammende Arten wie Bilsenkraut und Spitzklette. Nur nebenbei sei hier bemerkt, daß manche Arten auch äußerlich unterscheidbare, früh- und spätblühende Formen ausbilden, so etwa die Brandorchis.

Bedrohte und geschützte Pflanzen

Nach dem Bundesnaturschutzgesetz (§ 20e) sind zahlreiche wildlebende Pflanzenarten »besonders geschützt«, da ihr Bestand in Deutschland gefährdet ist; viele Arten darunter sind unmittelbar vom Aussterben bedroht. Nach § 20f ist es verboten, »wildlebende Pflanzen der besonders geschützten Arten oder ihre Teile oder Entwicklungsformen abzuschneiden, abzupflücken, aus- oder abzureißen, auszugraben, zu beschädigen oder zu vernichten,« sowie deren Standorte »durch Aufsuchen, Fotografieren oder Filmen der Pflanzen oder ähnliche Handlungen zu beeinträchtigen oder zu zerstören.« Es ist ferner verboten, solche Pflanzen »in Besitz zu nehmen, zu erwerben, die tatsächliche Gewalt über sie auszuüben oder sie zu be- oder verarbeiten, zu verkaufen, zum Verkauf vorrätig zu halten, anzubieten oder zu befördern oder zu kommerziellen Zwecken zur Schau zu stellen.« Diese Vorschriften gelten (zum Unmut der Naturschutzverbände) »nicht für den Fall, daß die Handlungen bei der ordnungsgemäßen land-, forst- und fischereiwirtschaftlichen Bodennutzung« oder bei anderen zugelassenen Eingriffen oder Maßnahmen vorgenommen werden. Ausgenommen sind (nach § 20g) Pflanzen, die durch Anbau gewonnen worden sind.

Allgemeine Grundlage der in Deutschland geschützten Pflanzenarten ist die EWG-Verordnung vom 3.12.1982 zur Anwendung des Washingtoner Artenschutzübereinkommens über den internationalen Handel mit gefährdeten Arten mit einer Liste aller in den Ländern der Europäischen Gemeinschaft geschützten Pflanzenarten sowie eine ergänzende »EG-Liste besonders behandelter Arten« (vom 17.1.1990), in der Orchideen und Alpenveilchen aufgeführt sind.

Eine ausführlichere Liste der in Deutschland geschützten Pflanzen findet sich als Anlage 1 der Bundesartenschutzverordnung (vom 18.9. 1989). Hier sind alle in Deutschland besonders geschützte Arten aufgeführt, die nicht der EWG-Verordnung unterliegen. Da es dabei auch um Handelsverbote geht, enthält diese Liste allerdings auch (wie die EG-Listen) Exoten.

Zu den Schwierigkeiten, die sich aus den unterschiedlichen Artenlisten ergeben, kommen die Schwierigkeiten verschiedener Schutzkategorien hinzu. Sowohl nach dem Bundesnaturschutzgesetz als auch nach den Naturschutzgesetzen der deutschen Länder ist Folgendes zu unterscheiden:

a) Der allgemeine Schutz, der für alle wildwachsenden Pflanzen gilt. Danach ist »jede mißbräuchliche Entnahme«, auch der nicht besonders geschützten Pflanzenarten, aus der Natur untersagt, worunter alles zu verstehen ist, was über einen gewöhnlichen Handstrauß hinausgeht.

b) Der besondere Schutz nach § 20 f des Bundesnaturschutzgesetzes, dem alle in der Liste aufgeführten Arten unterliegen; sie dürfen auch nicht gepflückt werden.

c) Schließlich gibt es noch einige wenige, in der Bundesartenschutzverordnung nicht aufgeführte Pflanzenarten, die dem vollkommenen oder teilweisen Schutz des Naturschutz-Ergänzungsgesetzes (vom 29.6.1962) unterliegen.

Neben diesen Schutzkategorien gibt es die bekannten »Roten Listen«, in denen bedrohte Pflanzenarten in folgende Gruppen unterteilt werden:

1 = vom Aussterben bedroht
2 = stark gefährdet
3 = gefährdet
4 = potentiell gefährdet.

Es handelt sich bei diesen Listen der Bundesländer und des Bundes um eine fachliche Bewertung ohne Rechtswirkung. Grundsätzlich sollte man aber alle Pflanzenarten der Roten Listen als geschützte Arten betrachten, auch wenn sie nicht in der Liste des Bundesnaturschutzgesetzes enthalten sind. Da manche Arten in bestimmten Teilen unseres Landes häufig, in anderen jedoch selten und gefährdet sind, wäre es nützlich, sich auch die »Rote Liste« des Bundeslandes oder Nachbarstaates zu beschaffen, in dem man sich botanisch betätigt. Aus verständlichen Gründen können wir im folgenden nur den Gefährdungsgrad der »Roten Liste« der Bundesrepublik Deutschland (Stand 1988) und den Schutzstatus nach der Bundesartenschutzverordnung (Stand 1989) angeben.

Der verantwortungsvolle Naturfreund wird sich auch ohne Listen und Verordnungen so in der Natur verhalten, daß er möglichst geringen Schaden anrichtet. Wenn möglich, sollte man überhaupt keine Wildblumen pflücken, geschweige denn ausgraben. Sie sind an ihrem natürlichen Standort schöner als zusammengepfercht in einer Vase, sie blühen dort länger, sie erfreuen dort auch andere Menschen, und sie können dort fruchten und die Art erhalten. Nur wo eine Art in massenhaften Beständen vorkommt, und vielleicht Kindern eine besondere Freude gemacht werden kann, sollte und kann man vom allgemeinen Pflückverzicht abweichen.

Noch viel strikter sollte man darauf verzichten, wildlebende Pflanzen auszugraben – etwa um sie im eigenen Garten wieder anzusiedeln. In Staudengärtnereien und Samenhandlungen bekommt man heute nahezu alle für den Garten interessanten Wildblumen. Die Chance, daß sie anwachsen, ist wesentlich größer als bei Wildpflanzen, die meist noch zur Blütezeit ausgegraben werden. Ausnahmen von der Regel können in Fällen gemacht werden, in denen klar ersichtlich ist, daß durch menschliche Eingriffe ein Pflanzenbestand ohnehin vernichtet würde.

Anregungen für den Umgang mit Wildblumen

Das Bestimmen von Wildblumen ist nur eine – nicht einmal notwendige – Voraussetzung für viele Möglichkeiten, sich mit diesen liebenswerten Geschöpfen unserer Umwelt zu befassen. Wenn wir im folgenden einige Anregungen für die Beschäftigung mit Wildpflanzen geben, so allerdings immer unter dem Vorbehalt des im vorigen Abschnitt Gesagten: Angesichts der großflächigen Vernichtung von Arten und Lebensgemeinschaften haben wir nicht mehr das Recht, uns beliebig das anzueignen, was die Natur in geradezu beschämender Weise immer wieder hervorbringt. Das bloße Schauen und Beobachten wird darum immer mehr jede Form der Aneignung ersetzen müssen.

Wildgemüse und Heilkräuter

Jahrtausende hat der Mensch von Wildpflanzen und Wildtieren gelebt. Ein großer Wissensfundus hat sich zunächst in der mündlichen, dann auch in der schriftlichen Überlieferung angehäuft. Viele Kenntnisse sind wieder verlorengegangen, Kenntnisse über Nährwerte und Heilwirkungen von Pflanzen, Kenntnisse über die Zusammenhänge von Kosmos, Pflanze, Boden, Tier und Mensch. Gewiß spielen auch heute noch Wildpflanzen mit ihren vielerlei Wirkstoffen in der Pharmazeutik und Heilkunde eine wichtige Rolle, bereichern Gewürz- und Aromapflanzen aus allen Teilen der Welt unsere Küche, versorgen Obst, Gemüse und Salate – alle von Wildpflanzen abstammend – uns nicht nur mit Stärke, Zucker, Fetten, sondern auch mit Vitaminen und anderen lebens- und gesundheitswichtigen Feinstoffe. Die Einheit von Nährmittel und Heilmittel, die einst mit der Auswahl der Wildkräuter täglich praktiziert wurde, ist aber weithin verschwunden.

Viele Menschen haben heute wieder das Bedürfnis, sich intensiver mit diesen Beziehungen zu befassen. Bücher über Heilkräuter, Gewürzkräuter und Wildgemüse finden guten Absatz, Kräuterwanderungen und Kräuterseminare erfreuen sich regen Zulaufs.

Leider stehen einer unbeschwerten Betätigung auf diesem Feld heute aber auch Hindernisse im Weg. Vor allem ist es schwierig geworden, unbelastete Pflanzenstandorte zu finden. Wiesen und Äcker sind zumeist überdüngt oder gar mit Agrarchemikalien behandelt, die Pflanzen an Straßen- und Wegrändern tragen vielfach einen unsichtbaren Überzug von Blei und anderen Schadstoffen aus dem Verkehr. Und selbst in abgelegenen Berg- oder Waldlandschaften kann man nicht sicher sein, ob nicht forstliche Spritzmittel oder auch nur allgemeine Luftschadstoffe den Wert der Wildpflanzen gemindert haben. Hinzu kommt, daß das Sammeln von Wildkräutern auch unter dem Gesichtspunkt des Artenschutzes problematisch ist.

Am sichersten kann man im eigenen, naturnahen Garten seiner Leidenschaft für Heilkräuter und Wildgemüse frönen – wenn auch in eingeschränktem Umfang. Immerhin sind Brennessel, Giersch, Beinwell, Gänseblümchen, Sauerampfer, Löwenzahn, Thymian und eine ganze Reihe weiterer als Wildgemüse, Wildsalat oder Teekraut nutzbarer Wildpflanzen in größeren Naturgärten auch ohne unser Zutun reichlich und weitgehend unbelastet vorhanden. Weitere Arten lassen sich oft unschwer ansiedeln, wobei ein buntes Kräuterbeet an einem sonnigwarmen, eher mager-steinigen Standort zum Zentrum für Küche und Hausapotheke werden kann. Bei den Beschreibungen der einzelnen Arten werden wir jeweils auch einen kurzen Hinweis auf die Verwendbarkeit geben.

Wildblumen im Garten

Neben nutzbaren Wildkräutern möchten immer mehr Menschen auch Wildblumen in ihrem Garten haben. Da die landwirtschaftlichen Wiesen durch übermäßige Düngung und intensive Nutzung immer farbloser, blumenloser werden, die kurzgeschorenen Rasen am Haus zwar praktisch, aber auch ziemlich langweilig sind, streben viele Gartenbesitzer die Wildblumenwiese an. Die ist allerdings, das mag erstaunlich klingen, schwieriger zu haben, als ein Gartenteich.

Welche Pflanzen auf einer Wiese wachsen, hängt vor allem von zweierlei ab: von der Art der »Bewirtschaftung« und vom Boden. Auf Wiesen, die bereits ab Mitte Mai immer wieder gemäht werden, können sich verständlicherweise nur solche Arten bis zur Blüte entwickeln, die zu den frühen Blumen im Jahr gehören (s. S. 19 f.) oder dicht am Boden blühen. Ehrenpreis, Gänseblümchen, Gundermann, Braunelle, Löwenzahn, Weißklee gehören zu den wenigen Arten, die auch in einem halbwegs normal behandelten Hausrasen noch vorkommen können, da nicht nur ihre Blüten, sondern auch ihre Blätter dem Boden dicht anliegen und daher auch nach dem Schnitt noch funktionsfähig sind. Schon Buschwindröschen, Schlüsselblume und Blaustern – ebenfalls allesamt Frühblüher – können sich nur dort halten, wo ihnen nach der Blüte genügend Zeit gelassen wird, über ihre höher ragenden Blätter Reservestoffe für die Blüte im nächsten Jahr anzusammeln.

Höher blühende Wiesenblumen, wie Hahnenfuß, Licht- und Kukkucksnelke, Margerite, Glockenblume usw., haben erst dann eine Chance, wenn man den ersten Schnitt bis in den Juni verzögert. Ebenso wichtig ist aber eine geeignete Bodenbeschaffenheit. Ein magerer, eher sandig-steiniger, ungedüngter Boden mit einem lückigen Rasenfilz bringt viel eher eine bunte Wildblumenpracht hervor als ein fetter, mit Nährstoffen und Wasser reichlich versorgter.

Eine Blumenwiese läßt sich nicht anlegen wie ein Blumenbeet. Zwar werden von Samenhandlungen die buntesten Wiesenblumen-Mischungen angeboten. Das kann aber nicht mehr sein als ein farbenfroher Start für eine neue zu begrünende Fläche. Abgesehen davon, daß in diesen Mischungen viele Einjährige sind, wie Mohn, Kornblume und Kamille, die meist schon im nächsten Jahr von den dauerhafteren Wiesenstauden verdrängt werden, entwickelt sich die Wiese über viele Jahre ganz nach ihren eigenen Regeln. Wir können mit Zeitpunkt und Art des Mähens diese Entwicklung fördern oder hemmen, aber wir können die dauerhafte Ansiedlung bestimmter Arten nicht erzwingen. Die Wiese, obwohl in unserem Klima weithin ein Kulturprodukt, hat sich als Gemeinschaft von Wildpflanzen ihre natürliche Eigenständigkeit bewahrt.

Nur am Rande sei noch erwähnt, daß auch die magerste Wiese zumindest einmal im Jahr gemäht werden muß, und daß das Mähen einer hochgewachsenen Wiese mit den üblichen Rasenmähern nicht mehr möglich ist. Man muß sich also entweder in die schöne alte Kunst des Senseschwingens einüben oder ein entsprechendes Mähgerät (Balkenmäher) benutzen.

Andere Beschäftigungen mit Wildblumen

Wer die vielen verschiedenen Wildblumen unserer Heimat kennenlernen möchte, wird es beim gelegentlichen Bestimmen der Arten nicht bewenden lassen. Das vergißt sich zu leicht wieder.

Früher gehörte die Botanisiertrommel zur Ausrüstung eines jeden begeisterten Wildblumen-Liebhabers. Man preßte die Pflanzen und legte sich eine Sammlung an, ein Herbar, in dem man immer wieder nachsehen konnte, wenn man bei einer Art unsicher war. Heute gibt es – zumindest für den Laien – einfachere Möglichkeiten. Zum einen gibt es viele ausgezeichnet illustrierte Bestimmungsbücher, die ein eigenes Herbar wenigstens zur Artbestimmung überflüssig machen. Eine weitere Möglichkeit ist die Pflanzenfotografie. Mit einigem Geschick und Können lassen sich so gute Pflanzenfotos herstellen, daß man sie nicht nur zum Wiedererkennen, sondern (mit Fundort und Datum beschriftet) sogar als wissenschaftlichen Beleg verwenden kann. Eine dritte Möglichkeit des Archivierens von Pflanzengestalten ist die Herstellung von Schattenrissen mit dem Kopiergerät. Es ist ganz erstaunlich, welche Einzelheiten auf solchen auch grafisch recht reizvollen Abbildern zu erkennen sind.

Eine interessante Dokumentation des Jahresverlaufs ist der sogenannte phänologische Kalender. Wer über mehrere Jahre die Daten des Knospens, Erblühens und Fruchtens verschiedener Wildpflanzen verfolgt und notiert, der bekommt schließlich eine anschauliche Vorstellung von den Zusammenhängen von Klima und Pflanzenphysiologie. Ergänzt werden können solche Beobachtung durch Notizen über Rückkehr und ersten Gesang von Vogelarten, über das Auftreten von Schmetterlingen, über den Blattfall im Herbst und vieles mehr. Bereits eingangs wiesen wir darauf hin, daß man seine Beobachtungsfähigkeiten sehr steigern kann, wenn man immer wieder einmal zum Zeichenstift greift und sich im Abzeichnen von Pflanzen und Pflanzenteilen übt. Selbst der weniger Geübte kann sogenannte Blütendiagramme und Blattstellungs-Diagramme zeichnen, bei denen man viel über den Blütenbau und die Entwicklung von Blättern lernen kann. Bei beiden Arten von Diagrammen stellt man sich die Blüte oder den Sproß als auf die Ebene eines Querschnitts projiziert vor. Bei der Blüte erhalten wir dadurch meist vier konzentrische Kreise, deren äußersten die Kelchblätter bilden, gefolgt von Kronblatt-, Staubblatt- und Fruchtblatt-Kreis. Bei der Blattstellung sind die verschiedenen Ebenen von unten nach oben in Form konzentrischer Kreise darzustellen.

Sehr reizvoll ist auch das Sammeln von Früchten und Blättern. Die Vielfalt der Formen ist nahezu unerschöpflich, und es bereitet ästhetisches Vergnügen, die Samen der verschiedenen Arten zu sammeln und in kleinen Gläschen aufzubewahren. Blattformen können durch Pressen von Blättern oder durch das Herstellen von Schattenrissen mit dem Kopiergerät konserviert werden. Sie können in vielfältiger Weise auch zu künstlerischen und dekorativen Werken verarbeitet werden. In die gleiche Richtung geht das Zusammenstellen von Trockenblumensträußen. Hierüber gibt es eigene Literatur. Beachten Sie bei solchen Aktivitäten aber die gesetzlichen Schutzbestimmungen.

Arten- und Biotopschutz

Das Verantwortungsbewußtsein für unsere Natur und Umwelt hat in den letzten Jahren erfreulich zugenommen. Trotzdem neigen immer noch viele Menschen dazu, sich nur bis zum Gartenzaun verantwortlich zu fühlen. Da werden mit viel Liebe Biotope angelegt und nicht selten bedrohte Pflanzenarten aus der Natur »zum Schutz« in den Garten geholt.

Mit solchen Maßnahmen ist den meisten gefährdeten Tier- und Pflanzenarten nicht geholfen. Im Gegenteil: So manche Art ist durch solche Art von Obhut noch mehr in ihrem Wildbestand bedroht. Auch gut gemeinte Auswilderungsaktionen von im Garten gezogenen Wildpflanzen sind selten hilfreich und zudem genehmigungspflichtig. Es fehlt den bedrohten Pflanzen ja vor allem an geeigneten, ungestörten Lebensräumen. Wenn wir die Arten erhalten wollen, müssen wir uns für den Schutz ihrer natürlichen Biotope einsetzen.

Möglichkeiten dazu haben in größerem Maßstab meist nur Bauern und Forstleute. Der allenfalls mit einem Garten ausgestattete, einzelne Normalbürger kann – neben möglichst viel Natürlichkeit im Garten – meist nicht viel dazu beitragen. Der Schutz natürlicher Standorte und Lebensgemeinschaften setzt Fachkenntnisse, Geldmittel und Organisation voraus. Darüber verfügen die Naturschutzverbände – und sie verfügen über um so mehr Möglichkeiten, je mehr sie von Einzelbürgern unterstützt werden. Die Beiträge sind, verglichen etwa mit denen von Sportfischern, gering, so daß nur eine große Zahl von Mitgliedern den privaten Naturschutz ausreichend finanzieren kann.

Wasser-Knöterich

30–100 cm, Juni–Sept.

Polygonum amphibium

oben

Merkmale: Alle Knöterich-Arten zeichnen sich durch mehr oder weniger verdickte, oft rötliche Stengelknoten aus, die von einer tütenförmigen Scheide (Ochrea) umgeben sind. Mit seinen auf dem Wasser schwimmenden Blättern ist der Wasser-Knöterich unverkennbar. Er tritt jedoch auch in einer Landform auf, die sich durch kleinere Blütenstände und am Grund herzförmige Blätter nur wenig von der folgenden Art unterscheidet. **Standort:** In Schwimmblatt-Gesellschaften, im Röhricht, an Ufern, in Naßwiesen, auf Äckern und Schuttplätzen. **Verbreitung:** Ganz Deutschland, in den Alpen bis 1000 m.

Schlangen- oder Wiesen-Knöterich

30–100 cm, Mai–Juli

Polygonum bistorta

unten links

Merkmale: Da die Art oft in Rudeln wächst, fällt sie als rosa Fleck oder Teppich sofort ins Auge. Ähnlich sind neben der vorigen Art (s. oben) Floh-Knöterich *(P. persicaria)* und Ampfer-Knöterich *(P. lapathifolium)*, deren rosa Blütenähren jedoch kleiner sind und meist zu mehreren an einem Stengel stehen. **Standort:** Feuchte Wiesen, vor allem des Berglandes, auch Hochstaudenfluren und Auwälder. **Verbreitung:** Ganz Deutschland, in den Alpen bis 1800 m, im Nordwesten vielerorts verschwunden.

Wegen seines gewundenen Rhizoms nennt man ihn Schlangen-Knöterich Die Blüten sind eine gute Bienenweide, und die ganze Pflanze gehört zu den besseren Futterpflanzen feuchter Wiesen. Eine der auffälligsten Knöterich-Arten ist der eingeschleppte, bevorzugt an Bahndämmen wachsende, übermannshohe Staudenknöterich *(Reynoutria japonica* und *R. sachalinensis).*

Wiesen-Sauerampfer, Großer Ampfer

30–100 cm, Mai–Juni

Rumex acetosa

unten rechts

Merkmale: Diese in Wirtschaftswiesen häufige und weit verbreitete Art dürfte allgemein bekannt sein. Der ähnliche, ebenfalls häufige Kleine Sauerampfer *(R. acetosella)* hat mehr grünliche (nicht rötlich-grüne) Blüten und nach außen (nicht nach innen) gerichtete Spießecken am Blattgrund. Weitere ähnliche Arten sind wesentlich seltener, so der Straußblütige Sauerampfer *(R. thyrsiflorus,* in den großen Stromtälern) und zwei alpine Arten. **Standort:** Fette und magere Wiesen und Weiden, Ufer und Wegränder. **Verbreitung:** Ganz Deutschland, in den Alpen bis 1700 m.

Männliche und weibliche Pflanzen (zweihäusig), Windbestäubung. Schwach giftig durch hohen Gehalt an Oxalsäure. Blätter trotzdem in mäßigen Mengen das ganze Jahr als Suppengewürz und Spinatbeimischung geeignet. Neben den Sauerampfern gibt es noch etwa 10 großblättrige Ampfer-Arten, deren häufigste die bekannten Wiesen- und Ackerunkräuter des Krausen Ampfer *(R. crispus)* und des Stumpfblättrigen Ampfer *(R. obtusifolius)* sind.

Große Brennessel

Urtica dioica

30–150 cm, Juli–Okt.

oben

Merkmale: Allgemein bekannt. Kleiner und dichter beblättert ist die einjährige Kleine Brennessel *(U. urens)*, die auf Gemüsebeeten und Äckern sowie an dörflichen Schuttplätzen gedeiht. Die Große Brennessel bildet männliche und weibliche Pflanzen (ist zweihäusig); die weiblichen Blütenstände sind grünlich-violett und herabhängend, die männlichen gelblich und abstehend. Die Art wird durch den Wind bestäubt und verbreitet. **Standort:** An Wegen und Schuttplätzen, auch in Auwäldern und an Waldrändern. **Verbreitung:** Ganz Deutschland, in den Alpen bis 2400 m.

Als »Wurzelkriech-Pionier« besiedelt die Art bevorzugt stickstoffreiche Ruderalstandorte, wo sie bis zu 70 cm tief mit ihrem feinen Wurzelgeflecht den Boden erschließt. Brennesseln sind reich an Mineralstoffen und Vitaminen und werden daher jung gern als Spinat verwendet. Im biologischen Gartenbau wird 14 Tage vergorene Brennessel-Jauche verdünnt als Dünger, Kräftigungsmittel und zur Bodenverbesserung eingesetzt. Ein Kaltwasserauszug (24 Stunden) dient der Schädlingsabwehr. Die Raupen von Kleinem Fuchs, Landkärtchen, Tagpfauenauge, C-Falter, Admiral und Distelfalter ernähren sich bevorzugt von Brennesseln.

Gänsefußgewächse Chenopodiaceae

Guter Heinrich, Dorf-Gänsefuß

Chenopodium bonus-henricus

10–60 cm, Mai–Aug.

RL 3; unten links

Merkmale: Die dreieckige Pfeilform der Blätter ist allen Gänsefuß-Arten und den verwandten Melden (s. unten) sowie unserem ebenfalls verwandten Gemüsespinat eigen. Für den Guten Heinrich recht typisch ist der kegelförmige Blütenstand (s. Foto). **Standort:** Unkrautbestände in Dörfern, an Wegen, Mauern, Zäunen. **Verbreitung:** Ganz Deutschland, in den Alpen (an Almen) bis 2200 m, im Nordwesten weithin fehlend.

Dieser alte Kulturbegleiter geht überall zurück. Er wurde und wird als Spinat verwendet. Aus dem zerstoßenen Wurzelstock wird im Balkan ein erdnußartig schmeckendes Konfekt hergestellt.

Spreizende oder Ruten-Melde

Atriplex patula

30–100 cm, Juni–Okt.

unten rechts

Merkmale: Große Ähnlichkeit haben nicht nur weitere Melden-Arten, sondern auch der Weiße Gänsefuß *(Chenopodium album)*. **Standort:** Unkrautfluren auf Äckern, in Gärten, an Schuttplätzen und Wegen. **Verbreitung:** Ganz Deutschland, in den Alpen bis 1100 m.
Bis 85 cm tief wurzelnde, einjährige Pflanze.

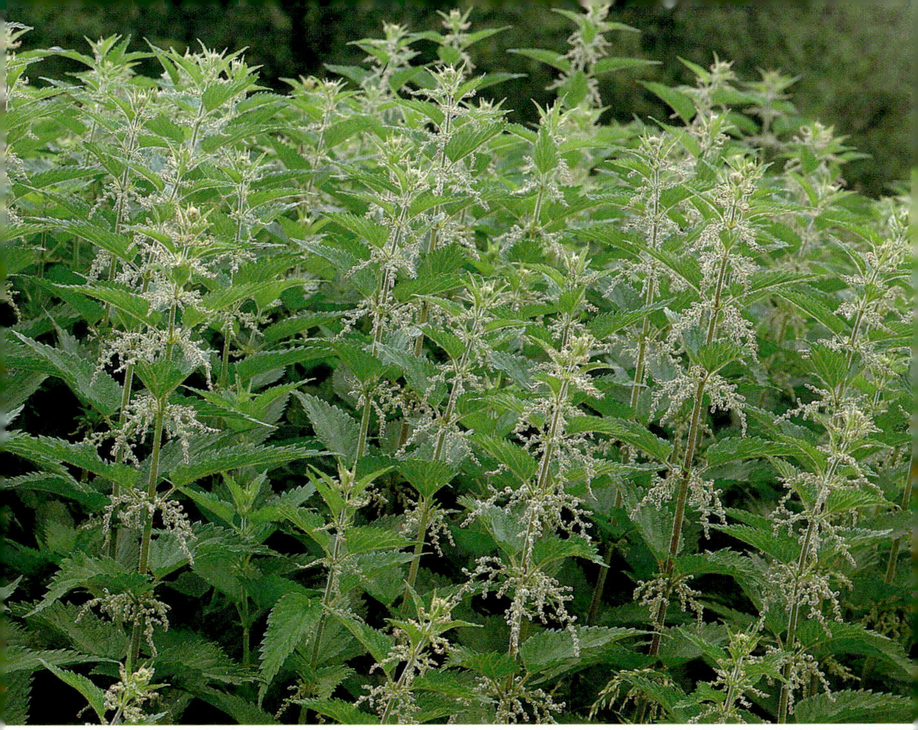
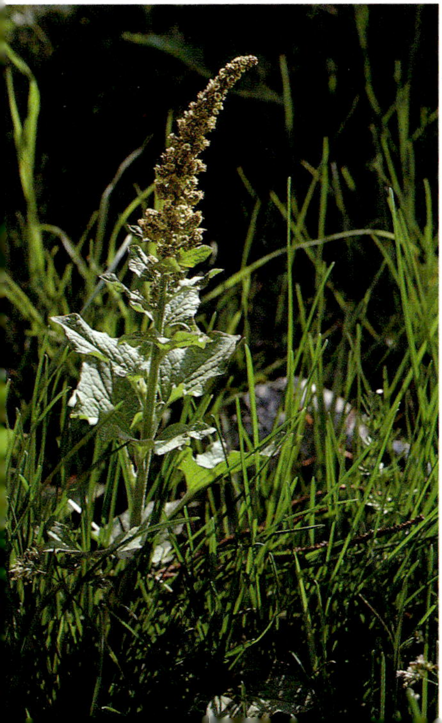
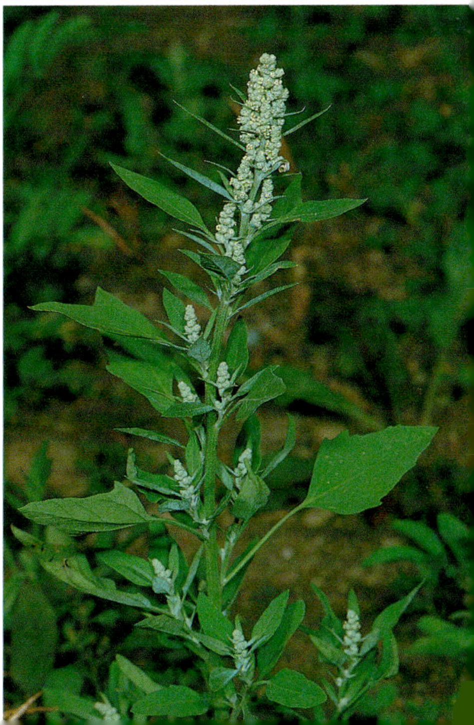

Gewöhnliches Hornkraut

Cerastium holosteoides

10–40 cm, April–Juni
oben links

Merkmale: Unsere etwa 15 Hornkraut-Arten sind nicht leicht zu unterscheiden und haben zudem noch mit den Mieren (s. unten) Ähnlichkeit. Vom ebenfalls häufigen Acker-Hornkraut *(C. arvense)* unterscheidet sich das Gewöhnliche Hornkraut durch breitere Blätter und zwischen den Kronblättern vorschauende Kelchblätter. **Standort:** Wiesen und Weiden, auch Äcker und Wegränder. **Verbreitung:** Ganz Deutschland, in den Alpen bis 2400 m. Kriechstaude, Wurzel- und Samen-Unkraut.

Vogelmiere, Vogel-Sternmiere

Stellaria media

5–50 cm, März–Okt.
oben rechts

Merkmale: Neben den beiden hier behandelten häufigen Arten gibt es in Deutschland weitere 6 Sternmieren, darunter verbreitet die Wald-Sternmiere *(St. nemorum)*, die Quell-Sternmiere *(St. uliginosa)* und besonders die Gras-Sternmiere *(St. graminea,* s. unten). **Standort:** Lückige Unkrautfluren auf Äckern, in Gärten und Weinbergen sowie Wege, Schuttplätze, Ufer. **Verbreitung:** Ganz Deutschland, in den Alpen bis 1860 m.
1–2jährige Kriechpflanze; Dauerblüher. Die 5 Kronblätter sind fast zum Grund geteilt, so daß der Eindruck von 10 Blütenblättern entsteht. Die Blätter senken sich nachts. Als Bodendecker auch in Kulturen nützlich. Als mildes Gemüse geeignet; früher gegen Lungenleiden. Pflanze und Samen werden gerne von Vögeln gefressen (Name).

Große oder Echte Sternmiere

Stellaria holostea

15–30 cm, April–Mai
unten

Merkmale: Schmale, grasartige Blätter, darin der Gras-Sternmiere *(St. graminea)* ähnlich, aber Kronblätter nur bis zur Mitte geteilt. **Standort:** Lichte, krautreiche Laub- und Mischwälder, in Hecken- und Buschsäumen; auf kalkarmen Böden. **Verbreitung:** Ganz Deutschland, südlich der Donau selten bis fehlend.
Meist wintergrüne Staude. Die abstehenden Blätter dienen auch zum Spreizklimmen. Die bei Nelkengewächsen typische Art der Zweierverästelung (Dichasien) kann sich bei der Sternmiere bis dreifach wiederholen. Neben zwittrigen Blüten z.T. kleinere rein weibliche.

Kuckucks-Lichtnelke

Lychnis flos-cuculi

30–70 cm, Mai–Juli
oben links

Merkmale: Die stark zerschlitzten, rosa Kronblätter und die braunroten Kelche unterscheiden diese Art von der Roten Lichtnelke (s. unten). Die seltene Pracht-Nelke *(Dianthus superbus)* wird selten so hoch, hat größere, noch stärker zerschlitzte und noch hellere Blüten. **Standort:** Fett-, Sumpf- und Moorwiesen. **Verbreitung:** Ganz Deutschland, in den Alpen bis 1300 m.
Am Stengel oft schaumige Flüssigkeit von Zikadenlarven (»Kuckucksspeichel«), was den deutschen und wissenschaftlichen Namen erklärt.

Gewöhnliches Leimkraut, Taubenkropf

Silene vulgaris

20–50 cm, Mai–Sept.
oben rechts

Merkmale: Stark aufgeblasene, unbehaarte Kelche. Das Nickende Leimkraut *(S. nutans)* und das Acker-Leimkraut *(S. noctiflora)* haben engere Kelche und tief gespaltene Kronblätter (s. auch folgende Art und Seifenkraut, nächste Doppelseite). **Standort:** Lückige Magerrasen, Steinschuttfluren, Gebüschsäume, Wegränder, Böschungen, auch Bahnschotter und Steinbrüche. **Verbreitung:** Ganz Deutschland, in den Alpen (als Hochgebirgsform) bis 2200 m, im Nordwesten lückig.
Rohboden-Pionier, bis 1 m tief wurzelnd. Bienen- und Nachtfalterblume. Kelch dient als Windfang zur Samenverbreitung.

Weiße Lichtnelke, Nachtnelke

Silene alba (pratensis), Melandrium album

20–100 cm, Juni–Sept.
unten links

Merkmale: Große, weiße, duftende Blüten und grünliche bis rötliche, behaarte Kelche (bei männlichen Blüten eng, bei weiblichen und zwittrigen Blüten etwas aufgeblasen) sind kennzeichnend (vgl. vorige Art und Seifenkraut, nächste Doppelseite). **Standort:** Schuttplätze, Weg- und Äckerränder. **Verbreitung:** Ganz Deutschland.
Bis 60 cm tief wurzelnde, etwas wärmeliebende Nachtfalterblume. Blüten öffnen sich erst nachmittags. Die Wurzeln enthalten im Wasser schäumende Saponine, die früher zum Waschen verwendet wurden (Seifenkraut, »sializein« = schäumen).

Rote Lichtnelke, Tag-Lichtnelke

Silene dioica, Melandrium rubrum

30–100 cm, April–Juni (Sept.)
unten rechts

Merkmale: Wohl allgemein bekannt (vgl. Kuckucks-Lichtnelke). **Standort:** Feuchte Wiesen und Wälder, auch Gartenwiesen. **Verbreitung:** Ganz Deutschland, in den Alpen bis 2300 m.
»Dioica« heißt zweihäusig; eigentlich ist die Art aber dreihäusig, da es neben männlichen und weiblichen Pflanzen auch solche mit zwittrigen Blüten gibt. Die nicht duftenden Blüten werden hauptsächlich von Tagfaltern bestäubt.

Gewöhnliches Seifenkraut

30–80 cm, Juli–Sept.

Saponaria officinalis

oben links

Merkmale: Blüten weiß bis blaßrosa, endständig und büschelig gehäuft. Von anderen weißblühenden Nelken unterscheidet sich diese Art durch kräftigen, an den Knoten etwas verdickten Stengel und stramm-aufrechten Wuchs. **Standort:** Unkrautfluren in Auenlandschaften, Flußufer, Dämme, Kiesbänke, Wege, Schuttplätze. **Verbreitung:** Ganz Deutschland, vor allem Auen- und Kalkgebiete, kaum über 700 m.
Nachtfalterblume, die abends am stärksten duftet. Vegetative Vermehrung durch kriechende Rhizome. Die saponinhaltigen Rhizome werden als schleimlösendes Mittel bei Husten und bei Hautleiden angewandt. Auszüge von Rhizom und Wurzel wurden als Seifenersatz verwendet (Anbau noch bis Anfang des 20. Jh., vgl. S. 32).

Kornrade

30–100 cm, Juni–Juli

Agrostemma githago

RL 1; oben rechts

Merkmale: Die schmalen Kelchblätter überragen die einzeln stehenden Blüten weit; die ganze Pflanze ist zottig behaart. **Standort:** Getreideäcker (Wintergetreide). **Verbreitung:** Zerstreut in ganz Deutschland, in den Alpen bis 1100 m, vielerorts flächenhaft verschwunden.
Ein einjährig überwinterndes (winteranuelles) Getreideunkraut, das durch die moderne Saatgutreinigung bei uns kaum noch vorkommt. Die Samen sind stark giftig. Früher waren im Brotmehl bis zu 7% Kornrade-Anteile, wodurch es zu Nebennierenschädigungen mit erhöhter Anfälligkeit für Lepra kam. In Deutschland vom Aussterben bedroht.

Karthäuser-Nelke

15–50 cm, Juni–Sept.

Dianthus carthusianorum

unten

Merkmale: Diese zartgliedrige, leuchtend-purpurrot blühende Nelke mit braunen Kelchen ist bei uns nur mit der ähnlichen Heide-Nelke *(D. deltoides)* zu verwechseln, deren Blüten weiß punktiert und mit einem dunklen Schlundring versehen sind. **Standort:** Waldränder, Böschungen, sonnige Hänge. Während die Karthäuser-Nelke in Kalk-Magerrasen vorkommt, findet man die Heide-Nelke nur in Silikat-Magerrasen. **Verbreitung:** Kalkgebiete im mittleren und südlichen Deutschland, im Jura bis 1000 m; im Norddeutschen Tiefland nur im Elbetal (Heide-Nelke in ganz Deutschland).
Tagfalterblume. Durch Rückgang der Schafhaltung vielerorts gefährdet.

Weiße Seerose

Nymphaea alba

50–300 cm, Juni–Aug.

gesch.; oben

Merkmale: Unverkennbar. Die in Mitteleuropa weitgehend ausgerottete (nordöstliche) <u>Glänzende Seerose</u> *(N. candida)* unterscheidet sich nur in Details. **Standort:** Schwimmblatt-Gesellschaften offener Teiche, kleinerer Seen, ruhiger Seebuchten, von Altwassern; bis 3 m Wassertiefe (optimal bei 100–150 cm). **Verbreitung:** Ganz Deutschland, vor allem Auengebiete, gebietsweise selten bis fehlend (z.B. in Hessen), vielfach verschwunden.

Schlammwurzler, dessen Sproßachse auf das fast armdicke, im Herbst sehr stärkereiche Rhizom beschränkt ist. Die Ansatzstellen der langen, biegsamen Blatt- und Blütenstiele sind am Rhizom als Narben erkennbar. Alle Teile der Pflanze mit Durchlüftungsgewebe. Blattoberseite mit wasserabstoßender Wachsschicht zur Sicherung des Gasaustausches. Im Winter und in Fließgewässern bilden sich oft salatartige Unterwasserblätter. Die bis 8 cm breiten Scheibenblumen sind die größten Blüten unserer Flora. Von den 4 außen grünen, innen weißen »Kelch«-Blättern über die zahlreichen »Kron«- und Staubblätter findet man alle Übergänge. Die Art ist gegen mechanische Störungen und Nährstoffbelastungen wesentlich empfindlicher als die folgende Art und daher deutlich auf dem Rückzug.

Gelbe Teichrose, Mummel

Nuphar lutea

50–600 cm, Juni–Aug.

gesch.; unten

Merkmale: Nur mit der an einigen Stellen im Alpenvorland wachsenden <u>Kleinen Teichrose</u> *(N. pumila)* zu verwechseln. Unterschiede (Kleine Teichrose in Klammern): Blätter 12–40 cm lang (5–12 cm), Blattstiele oben dreikantig (zweikantig), Blüten 4–6 cm breit (1–3 cm), Narbenscheibe tellerförmig vertieft und fast ganzrandig mit 15–20 Strahlen (flach, sternförmig, 8–10 Strahlen). **Standort:** Stehende oder träg fließende, auch stark nährstoffreiche Gewässer; bis 6 m Wassertiefe (optimal 80–200 cm). **Verbreitung:** Etwas lückig in ganz Deutschland, in den Alpen bis 1100 m.

Kommt auch in einer untergetauchten, flutenden Form mit salatartigen Blättern vor. Die meist etwas über die Wasserfläche erhobenen Blüten sind nektarreich und stark duftend.

Trollblume
Trollius europaeus

30–60 cm, Mai–Juni
RL 3, gesch.; oben

Merkmale: Die kräftig schwefelgelben (manchmal mehr goldgelben, manchmal mehr grünlich-gelben) kugeligen Blüten und die typischen gefingerten Hahnenfußblätter schließen eine Verwechslung aus. **Standort:** Flachmoore und Quellwiesen, vor allem des Gebirges. **Verbreitung:** Hauptsächlich Süd- und Ostdeutschland, im Westen und Nordwesten fehlend.

Ausdauernde, giftige, vom Weidevieh gemiedene Pflanze. Der deutsche Name geht auf die altdeutsche Bezeichnung »troll« = kugelig zurück. Die Art ist durch Trockenlegungen und Düngung überall bedroht.

Sumpfdotterblume
Caltha palustris

15–30 cm, April–Juni
unten

Merkmale: Auch diese goldgelb blühende Uferpflanze mit den kräftigen, ganzrandigen Blättern ist unverwechselbar und allgemein bekannt. **Standort:** Sumpfwiesen (oft aspektbildend), an Bächen und Gräben, in Bruch- und Auwäldern, auch im seichten Wasser stehend. **Verbreitung:** Ganz Deutschland, in den Alpen bis 2200 m.

Die Bezeichnung »Butterblume« stammt aus der Zeit, als man mit den Blüten der Sumpfdotterblume (und anderer gelbblühender Arten) die Butter gelb färbte.

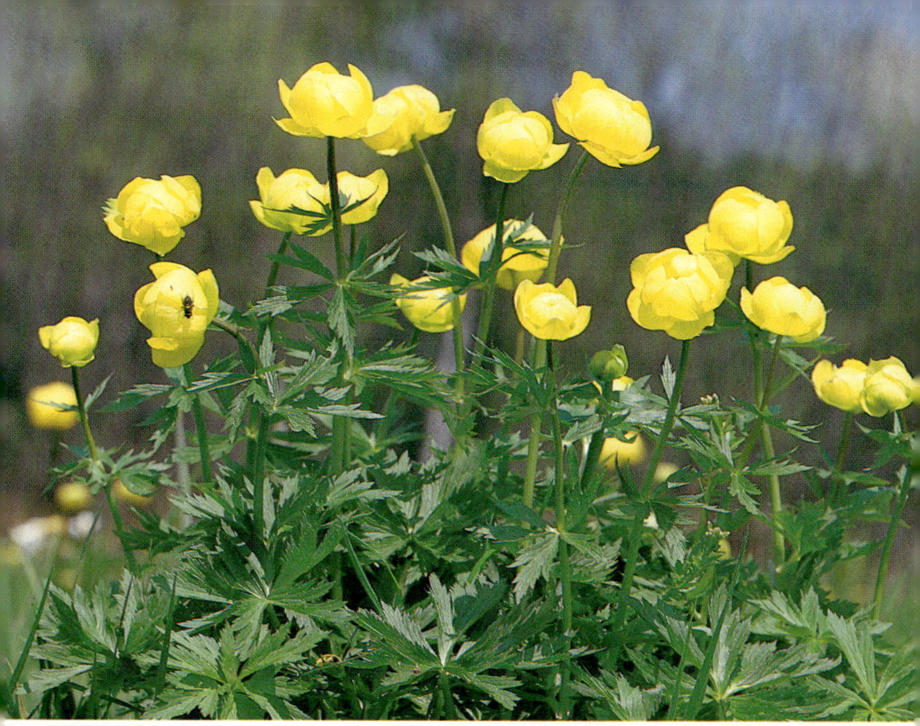

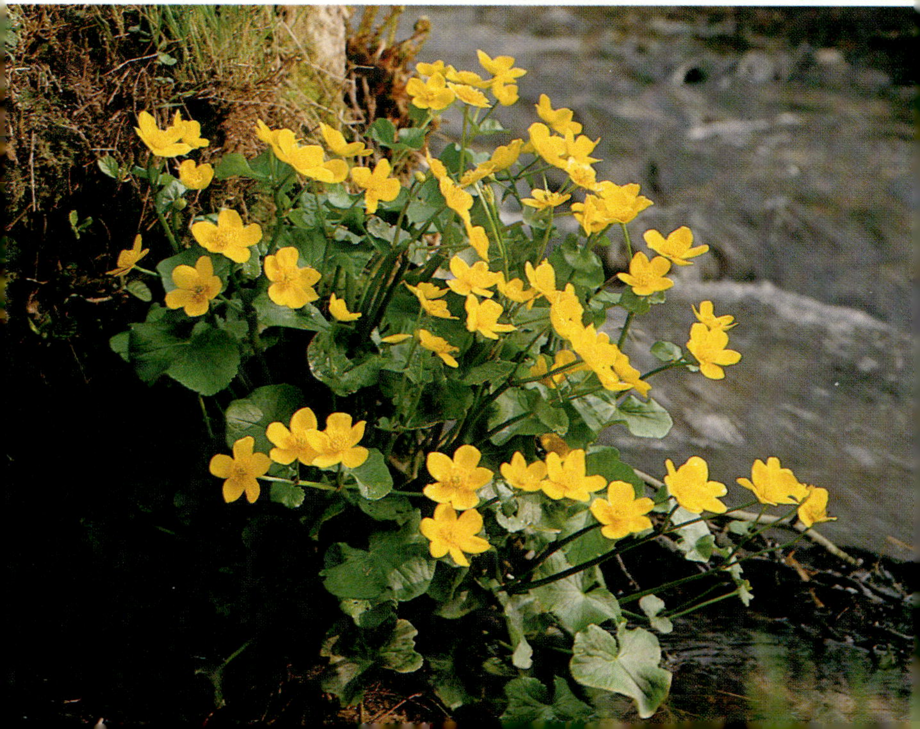

Leberblümchen

Hepatica nobilis

5–15 cm, März–April
gesch.; oben

Merkmale: Die mehr oder weniger kräftig blauen (manchmal rosa oder weißen) Blüten, die dreigelappten Blätter und die frühe Blütezeit kennzeichnen diese bekannte Art. **Standort:** Krautreiche Buchen-, Eichen- und Nadelmischwälder; meist auf kalkhaltigen Böden. **Verbreitung:** Hauptsächlich in den östlichen Landesteilen, im Westen weithin fehlend; in den Alpen bis 1500 m.

Wintergrüne Rosettenpflanze (alle Blätter grundständig), bis 50 cm tief wurzelnd. Die sonst bei den Hahnenfußgewächsen fehlenden Kelchblätter scheinen beim Leberblümchen 3zählig vorhanden zu sein; es sind aber in den Blütenbereich gerückte, kleine Laubblätter (Hochblätter). Blüten öffnen und schließen sich durch temperaturabhängiges Längenwachstum. Die Samen werden durch Ameisen verbreitet, die Pflanzen entwickeln sich sehr langsam und erreichen erst nach Jahren ihre Blühfähigkeit. Wegen der leberähnlichen Form der Blätter (Signaturenlehre) wurde das Kraut früher gegen Leberleiden angewendet.

Busch-Windröschen

Anemone nemorosa

10–25 cm, März–Mai
unten links

Merkmale: Die Blüten und die im Dreierquirl am Stengel stehenden, gestielten Blätter sind kennzeichnend. Verwechslungsmöglichkeit besteht mit dem seltenen, in Nordbayern, am Mittelrhein und in Nordhessen vorkommenden Großen Windröschen *(A. sylvestris)*, das im Gegensatz um Busch-Windröschen zur Blütezeit neben den ungestielten Stengelblättern auch grundständige Blätter besitzt. Ähnlich, aber gelbblühend ist das Gelbe Windröschen *(A. ranunculoides)*. **Standort:** Krautreiche Laub- und Nadelwälder, Auwälder, Wald- und Heckensäume, Bergwiesen. **Verbreitung:** Ganz Deutschland, in den Alpen bis 2000 m.

Scharbockskraut, Feigwurz

Ranunculus ficaria, Ficaria verna

5–15 cm, März–Mai
unten rechts

Merkmale: Die oft teppichartig den Boden bedeckenden, glänzend-grünen Blätter und die sternförmigen, lackgelben Blüten machen die Art unverwechselbar. **Standort:** Auwälder und krautreiche Laubmischwälder, Hecken, (Obst-)Gärten, Parkanlagen; im Halbschatten. **Verbreitung:** Ganz Deutschland, in den Alpen bis 1450 m.

Die jährlich neu gebildeten, 1–2 cm langen, feigwarzenähnlichen Rhizome gaben Anlaß für den Namen. Da die jungen Blätter reich an Vitaminen sind, aß man sie im Frühjahr gegen den Skorbut (Scharbock). Hauptsächlich vegetative Vermehrung durch Brutknospen, die in den Achseln der unteren Blätter entstehen. Die 3 »Kelch«-Blätter stellen hier echte Blütenblätter dar (vgl. Leberblümchen).

Scharfer Hahnenfuß
Ranunculus acris

30–100 cm, Mai–Sept.
oben links

Merkmale: Die vielen glänzend-goldgelb blühenden Hahnenfuß-Arten sind nicht leicht zu unterscheiden. Neben den Blatt- und Wuchsformen sind die Früchte (Lupe) ein gutes Kennzeichen. **Standort:** Wiesen und Weiden. **Verbreitung:** Ganz Deutschland, in den Alpen bis 2400 m.
Eine formenreiche Art. Bis 50 cm tief wurzelnder Nährstoffzeiger. Im Mai (kurz nach der Löwenzahnblüte) aspektbildend. Frisch giftig, als Heu verträglich. Blüten wurden früher zum Färben der Butter verwendet (Butterblume).

Kriechender Hahnenfuß
Ranunculus repens

15–40 cm, Mai–Aug.
oben rechts

Merkmale: Die weit kriechenden Ausläufer sind ein gutes Merkmal und jedem Gärtner bekannt. **Standort:** Pioniergesellschaften, Brachflächen, Gärten, Äcker, Ufer, Gräben, Wege, auch in Wiesen und Auwäldern. **Verbreitung:** Ganz Deutschland, in den Alpen bis 2400 m.
Wie alle Hahnenfuß-Arten frisch giftig. Rohboden-Pionier und Bodenfestiger. Neben zwittrigen Blüten kommen auch rein weibliche vor.

Gewöhnlicher Wasser-Hahnenfuß
Ranunculus aquatilis

10–200 cm, April–Sept.
unten

Merkmale: Auch die Unterscheidung der (8) verschiedenen, alle weißblühenden Wasser-Hahnenfuß-Arten ist nicht leicht. Charakteristisch für unsere Art sind die Schwimmblätter, die ganz anders geformt sind als die fadenförmig zerteilten Unterwasserblätter. Diesen Unterschied weisen noch 3 seltene Arten auf, während der Spreizende Hahnenfuß *(R. circinatus)*, der Haarblättrige Hahnenfuß *(R. trichophyllus)* und der Flutende Hahnenfuß *(R. fluitans)* keine Schwimmblätter besitzen. **Standort:** Schwimmblatt-Gesellschaften stehender oder träge fließender, nährstoffreicher, kalkarmer Gewässer; bis 2 m Wassertiefe. **Verbreitung:** Ganz Deutschland, Ebene bis mittlere Gebirgslage, von Norden nach Süden lückiger werdend.
Sehr zurückgegangen und z.T. stark gefährdet; schützenswert.

Gelber Eisenhut

50–150 cm, Juni–Aug.

Aconitum vulparia

gesch.; oben links

Merkmale: An Blättern und Blütenform (vgl. Foto) deutlich als Eisenhut erkennbar. Der ähnlich gelblich blühende Giftige Eisenhut *(A. anthora)* ist eine südalpine Art, die nördlich der Alpen nur im Schweizer Jura vorkommt. **Standort:** Staudenreiche Auwälder, Schluchtwälder, feuchte Laubmischwälder, subalpine Hochstaudengebüsche. **Verbreitung:** Kalkgebirge, Alpenvorland, Alpen bis 2100 m, erreicht im Harz, in Thüringen und im Vogtland die Nordostgrenze seiner Verbreitung.

Wie der noch seltenere Blaue Eisenhut *(A. napellus)* ist die ganze Pflanze stark giftig (Aconitin). Schon wenige Gramm Pflanzenmaterial können für den Menschen tödlich sein. Wurde früher als Wolfs- und Fuchsgift verwendet (Name). Aus der Wurzel des Blauen Eisenhuts wird ein Herzmittel hergestellt.

Gewöhnliche Akelei

30–80 cm, Mai–Juli

Aquilegia vulgaris

gesch.; oben rechts

Merkmale: Die unverkennbare Blütenform schließt eine Verwechslung aus. Die Art blüht selten auch rosa oder weiß. Andere Farben sind Zuchtformen. Lediglich im Alpenbereich gibt es wenige andere Arten. **Standort:** Kraut- und grasreiche Eichen- und Buchen-Mischwälder, Heckensäume und Wiesen; auf sommerwarmen, basenreichen Böden. **Verbreitung:** Kalkgebiete von den Alpen bis zur Mittelgebirgsschwelle; an vielen Orten verschwunden.

Die 5 glockenförmigen Blütenblätter bilden in ihrem gebogenen Sporn Nektar, der nur von langrüsseligen Hummeln erreicht werden kann.

Gewöhnliche Küchenschelle

5–40 cm, März–Mai

Pulsatilla vulgaris

RL 3, gesch.; unten links Blüten, rechts Fruchtstand

Merkmale: Alle 7–8 in unserem Gebiet vorkommenden Küchenschellen-Arten sind selten, aber die 3 anderen violett blühenden Arten kommen nur noch an so wenigen Orten vor (um Regensburg und an der Unterelbe), daß eine Verwechslung der Gewöhnlichen Küchenschelle im allgemeinen nicht zu befürchten ist. Die bärtigen Fruchtstände sind charakteristisch für die Küchenschellen. Ähnliche findet man aber auch in den Alpen, wo die Gewöhnliche Küchenschelle fehlt; dort können sie dann von der Weißen Alpenanemone *(P. alpina)* oder vom Berghähnlein *(Anemone narcissiflora)* stammen. **Standort:** Magerrasen, Kalk-Kiefernwälder; auf warm-trockenen, basenreichen Böden. **Verbreitung:** Warme Lagen des Tieflands und mittlerer Höhen, im Jura bis 1000 m; im Norddeutschen Tiefland selten, in den Alpen fehlend.

Trockenpflanze, bis 1 m tief wurzelnd. Die dichte Behaarung der jungen Triebe sowie der aus 3 Hochblättern gebildete Scheinquirl dienen als Verdunstungs- und Knospenschutz. Frisch stark giftig durch Protoanemonin, besonders für Hunde. Auch Steingartenpflanze.

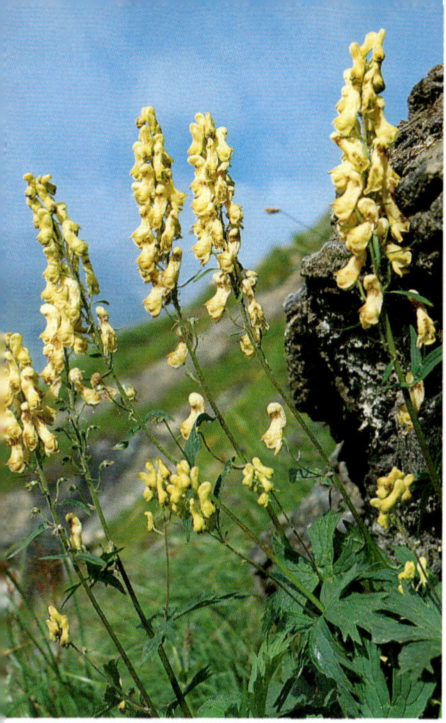
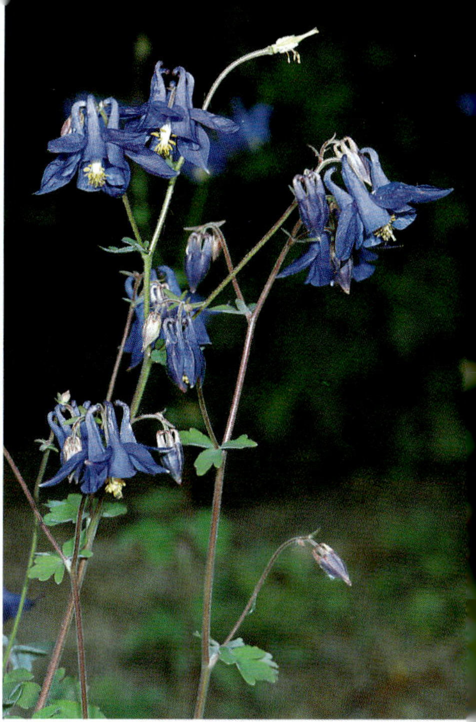
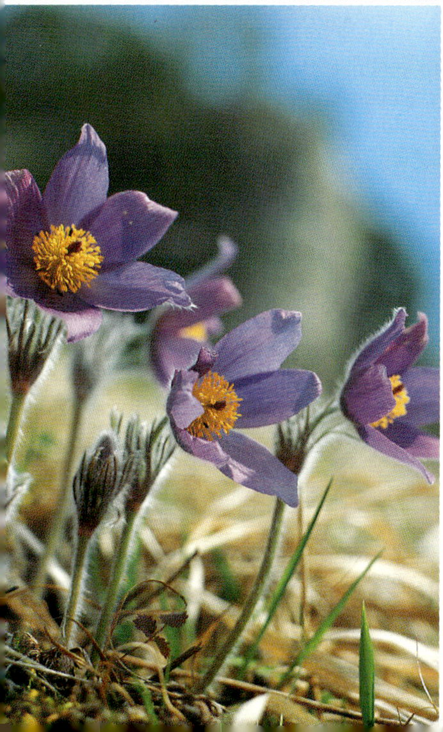
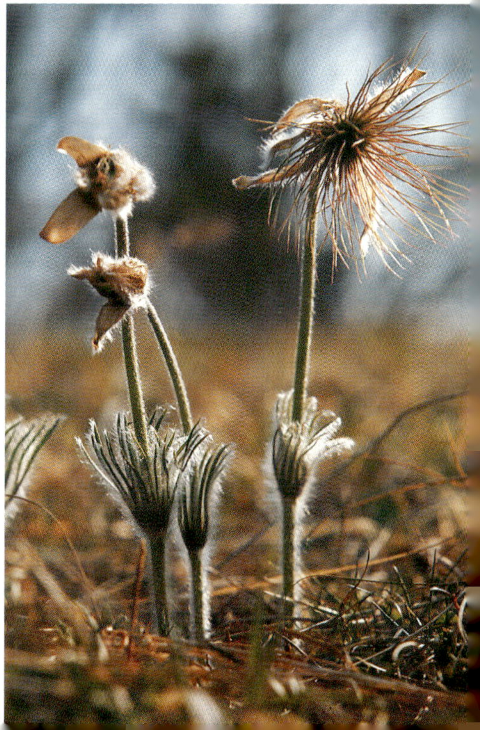

Klatschmohn

Papaver rhoeas

30–80 cm, Mai–Juli

oben Blüten, unten links Fruchtkapseln

Merkmale: Der allgemein bekannte Klatschmohn ist leicht mit zwei ähnlichen Arten zu verwechseln, mit dem Saat-Mohn *(P. dubium)* und dem Sand-Mohn *(P. argemone).* Folgende Unterschiede sind zu beachten (in Klammern Saat-Mohn/Sand-Mohn): Blütenblätter kräftig rot, am Grund meist schwarz, 2–4 cm lang, breit überlappend (hell-ziegelrot, am Grund zuweilen schwarz, 1–2 cm lang, gering überlappend / dunkelrot, am Grund schwarz, 1–2 cm lang, schmal, nicht überlappend), Blätter meist einfach fiederteilig oder fiederig gebuchtet (einfach bis doppelt fiederteilig / meist doppelt fiederteilig), Fruchtkapsel kahl, kugelig-eiförmig, mit 8–18 Narbenstrahlen auf dem »Deckel« (kahl, keulenförmig, gerippt, 4–10 Narbenstrahlen / borstig, schmal-keulenförmig, 4–5 Narbenstrahlen). **Standort:** Getreidefelder, Schuttplätze, Wegränder, Bahnhöfe. **Verbreitung:** Ganz Deutschland, im Jura bis 1000 m, in Nord- und Ostdeutschland vielfach durch Saat- und Sand-Mohn ersetzt, die in Süddeutschland nur lückig verbreitet sind.

Einjährige, bis 1 m tief wurzelnde, Milchsaft führende Pflanze. Kelch früh abfallend. Die roten Blüten werden von den rot-blinden Bienen wegen ihrer hohen UV-Reflektion wahrscheinlich blauviolett gesehen. Die 164 Staubblätter produzieren bis 2,5 Mio. Pollenkörner pro Blüte. Je Kapsel etwa 5000 Samen.

Schöllkraut

Chelidonium majus

30–70 cm, Mai–Sept.

unten rechts

Merkmale: Die einfachen, 4zähligen, gelben Blüten, die etwas unregelmäßig gefiederten bis fiederspaltigen Blätter sowie insbesondere der gelbe Milchsaft lassen eine Verwechslung nicht zu. **Standort:** Unkrautfluren an Wegen, Wald- und Heckensäumen, Mauern und Zäunen, in verwilderten Parkanlagen. **Verbreitung:** Ganz Deutschland, in den Alpen bis 900 m.

Ausdauernde Halbrosettenpflanze. Früchte: Schoten mit schwarz-glänzenden Samen. Durch Ameisenverbreitung auch auf Mauern und hohen Weiden wachsend. Giftig durch über 20 Alkaloide. Milchsaft in der Volksmedizin gegen Warzen (konnte experimentell nicht bestätigt werden).

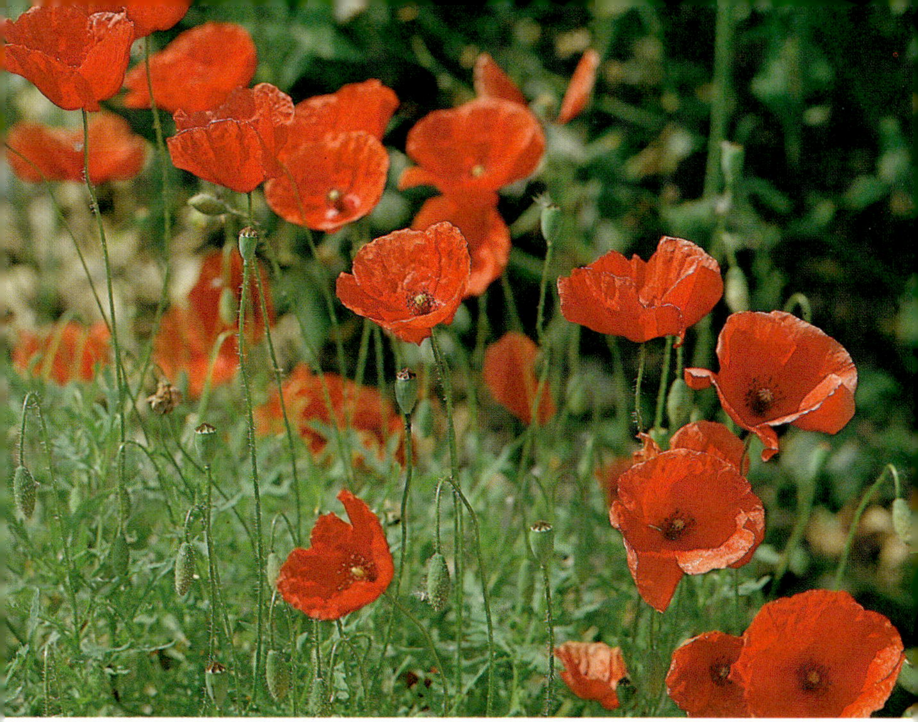
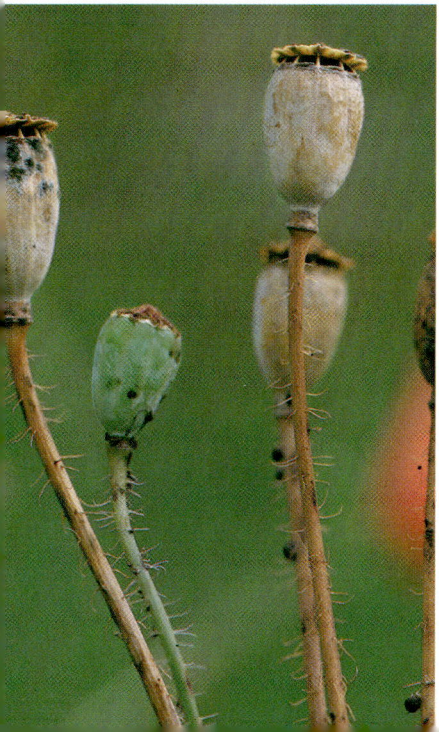
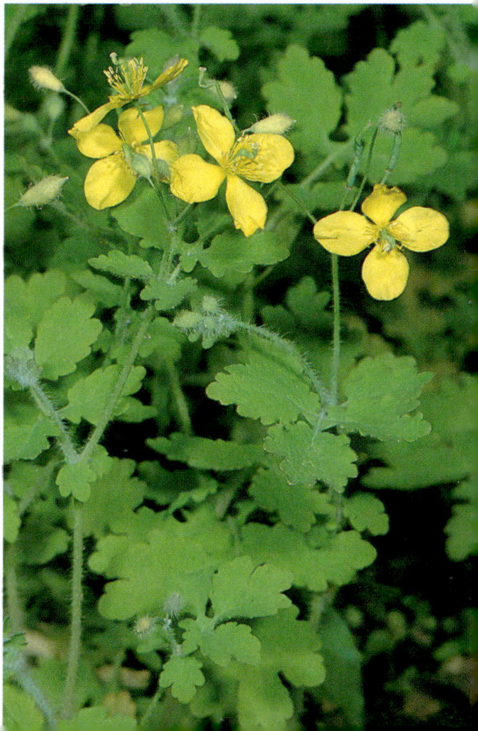

Gewöhnlicher oder Echter Erdrauch

15–30 cm, Mai–Okt.

Fumaria officinalis

oben links

Merkmale: Eine niedrige, trotz ihrer hübschen Blüten wenig auffallende Pflanze. Verwechslungsmöglichkeiten nur mit einigen weiteren, seltenen Erdrauch-Arten. **Standort:** Offene Unkrautfluren der Äcker, Gärten und Weinberge, gelegentlich auch auf Schuttstellen. **Verbreitung:** Ganz Deutschland, in den Alpen bis 900 m.

Hohler Lerchensporn

10–30 cm, März–Mai

Corydalis bulbosa

oben rechts

Merkmale: Als Lerchensporn unverkennbar; es kommen regelmäßig auch weiße Blüten vor. Ähnlich sind der Mittlere Lerchensporn *(C. intermedia)* und der Gefingerte oder Feste Lerchensporn *(C. solida)*, beide mit gefüllter (nicht hohler) Wurzelknolle und weniger »fülligen« Blättern sowie einem einfachen Tragblatt am Stengel, aus dessen Achsel ein Seitentrieb entspringt. **Standort:** Krautreiche Buchen- und Eichenwälder, Obst- und Weingärten. **Verbreitung:** Lehm- und Kalkgebiete, in den Alpen bis 1400 m, im Nordwesten selten. Vielerorts verschwunden.

Kohlgewächse (Kreuzblütler) Brassicaceae

Lauchkraut, Knoblauchsrauke

20–100 cm, April–Juni

Alliaria petiolata

unten links

Merkmale: Eine meist stattliche Pflanze mit etwas glänzenden, nesselförmigen Blättern, die zerrieben nach Lauch riechen. **Standort:** Etwas beschattete Unkrautfluren in verwilderten Gärten, alten Obstgärten, an Zäunen, Wald- und Wegrändern, in Hecken und Auwäldern. **Verbreitung:** Ganz Deutschland, in den Alpen bis 1200 m, im Südosten und Nordwesten etwas lückig. Zweijährige Pflanze; Früchte: lange Schoten. Früher Heil- und Salatpflanze.

Echtes Barbarakraut, Echte Winterkresse

30–80 cm, Mai–Juli

Barbarea vulgaris

unten rechts

Merkmale: Dem angebauten Raps und Acker-Senf (S. 52/53), anderen gelbblühenden Kohlgewächsen (z. B. Sumpfkresse, *Rorippa*) sowie weiteren *Barbarea*-Arten ähnlich. Im Zweifelsfall müssen Bestimmungsschlüssel zurate gezogen werden. **Standort:** In Fluß- und Bachauen, an Wegen, Dämmen, Ufern, auf Waldschlägen, in Kiesgruben, an Ackerrändern. **Verbreitung:** Ganz Deutschland, in den Alpen bis 900 m. Zweijährige Halbrosettenpflanze. Die jungen Blattrosetten können im Winter (Barbaratag, 4. Dez.) als Wildgemüse und kresseartig schmeckender Salat verwendet werden.

Acker-Hellerkraut

15–40 cm, Mai–Juni (Sept.)

Thlaspi arvense

oben links

Merkmale: Auffallend sind die scheibenförmigen, bis 15 mm breiten Schötchen, die der Gattung den Namen gaben. Das Acker-Hellerkraut ist weiter gekennzeichnet durch kantigen Stengel, pfeilförmige, entfernt gesägte, stengelumfassende Blätter, die zerrieben nach Lauch riechen. Das ähnliche Stengelumfassende Hellerkraut *(T. perfoliatum)* hat herzförmige Schötchen, runden Stengel, ganzrandige Blätter und keinen Lauchgeruch. **Standort:** Äcker und Schuttplätze. **Verbreitung:** Ganz Deutschland, in den Alpen bis 1300 m. *T. perfoliatum* kommt mehr im Süden (auf Kalk) vor und fehlt im Norden. Einjähriges, bis 50 cm tief wurzelndes Ackerwildkraut, das relativ herbizidfest ist.

Echte Brunnenkresse

20–70 cm, Mai–Sept.

Nasturtium officinale

oben rechts

Merkmale: Diese in und an Bächen und Gräben oft bestandbildende Pflanze hat große Ähnlichkeit mit dem an ähnlichen Standorten (aber selten im Wasser stehenden) Bitteren Schaumkraut *(Cardamine amara).* Unterscheidung: Staubbeutel gelb und Stengel hohl bei der Brunnenkresse, Staubbeutel violett und Stengel markig beim Schaumkraut. **Standort:** Im lichten Röhricht und Flutsaum der Bäche, in Gräben und an Quellen mit schnell fließendem, gleichmäßig kühlem Wasser. **Verbreitung:** Ganz Deutschland, in den Alpen bis 1800 m.
Auch vegetative Vermehrung durch Ableger. Die jungen Pflanzen sind vom Vorfrühling bis vor der Blüte eine schmackhafte Salatbeimischung; wird daher auch in Becken kultiviert. Harntreibend und stoffwechselfördernd.

Wiesen-Schaumkraut

20–50 cm, April–Juni

Cardamine pratensis

unten

Merkmale: Als aspektbildende Wiesenpflanze kaum zu verwechseln. Die Blüten mit gelben Staubbeuteln sind oft reinweiß. Das ähnliche Bittere Schaumkraut *(C. amara,* s. oben) hat stets weiße Blüten, violette Staubbeutel und breitere Blattfiedern. **Standort:** Fett-, Moor- und Naßwiesen, auch Auwälder und Ufer. **Verbreitung:** Ganz Deutschland, in den Alpen bis 1700 m. Ausdauernde Halbrosettenpflanze. An den Fiedern der Grundblätter können sich auf feuchtem Grund Tochterpflanzen bilden. Junge Blätter und Blütensprosse sind roh und gekocht genießbar. Der Name Schaumkraut leitet sich von dem oft am Stengel zu findenden Schaum von Zikadenlarven her (vgl. Kuckucks-Lichtnelke, S. 32/33).

Acker-Senf

Sinapis arvensis

20–60 cm, Mai–Juni (Okt.)

oben

Merkmale: Leicht mit anderen gelbblühenden Kohlarten zu verwechseln, vor allem mit dem angebauten Raps *(Brassica napus)* und dem Barbarakraut (S. 48/49). Vom Raps unterscheiden ihn die behaarten Blätter, die im unteren Bereich gestielt, oben sitzend, aber nicht stengelumgreifend sind. Von gelbblühendem Hederich (s. unten) durch abstehende Kelchblätter der geöffneten Blüten zu unterscheiden. (»Hederich hebt, Senf senkt den Kelch.«) **Standort:** Äcker, Brachen, Schuttplätze und Wege. **Verbreitung:** Ganz Deutschland, in den Alpen bis 1200 m.

Bis 1 m tief wurzelnde, einjährige Pionierpflanze; wertvolle Bienenweide. Die feingehackten Blätter können als Würze verwendet werden, die Samen als minderwertige Senfbeimischung.

Hederich, Acker-Rettich

Raphanus raphanistrum

30–60 cm, Mai–Juni (Okt.)

(unten links)

Merkmale: Blüten weiß oder hellgelb, mit violetten Adern. Die Fruchtschoten sind perlschnurartig gegliedert, die Kelchblätter eng geschlossen, nicht abstehend wie beim Senf (s. oben). **Standort:** Getreidefelder, sonstige Äcker, Schuttplätze. **Verbreitung:** Ganz Deutschland, in den Alpen bis 1570 m.

Einjährige, über 1 m tief wurzelnde Pflanze. Die Blüten enthalten einen zuckerreichen Nektar und sind (waren) eine wichtige Bienenweide. Durch Herbizide heute nirgends mehr in großer Zahl. Die jungen Blätter und Sprosse können wie Spinat verwendet werden. Aus den Samen läßt sich Senf bereiten. Nah verwandt sind Rettich und Radieschen.

Resedengewächse Resedaceae

Wilde Resede, Gelber Wau

Reseda lutea

20–60 cm, Mai–Sept.

unten rechts

Merkmale: Die merkwürdig geformten, kleinen Einzelblüten, der zugespitzte Blütenstand und der breit verästelte Wuchs machen die Resede leicht erkennbar. Von der ähnlichen Färber-Resede *(R. luteola)* unterscheidet sich unsere Art durch 1–2fach fiederschnittige Blätter. Die duftende Garten-Resede *(R. odorata)* blüht grünlich (gelblich, weißlich, auch rötlich). **Standort:** Bahn- und Hafenanlagen, Wege, Schuttplätze, Dämme, Steinbrüche. **Verbreitung:** Ganz Deutschland, im Jura bis 1000 m, im Norddeutschen Tiefland lückig.

1–2jährige, gelegentlich ausdauernde, bis 80 cm tief wurzelnde Pionierpflanze. Die schwach dorsiventralen Blüten haben tief zerschlitzte, sehr ungleich geformte Kronblätter und sind bei der Färber-Resede 4teilig, bei den anderen beiden Arten 6teilig.

Purpur-Fetthenne

Sedum telephium

20–50 cm, Juni–Aug.
oben links

Merkmale: Auch gelbblühend. Ähnliche Arten (Artengruppe) sind die seltene <u>Große Fetthenne</u> *(S. maximum)* und die sehr seltene <u>Berg-Fetthenne</u> *(S. fabaria)*. Ansonsten besteht kaum Verwechslungsmöglichkeit. **Standort:** Steinschutt, auf Steinwällen, im Saum von Gebüschen (Wallhecken), Waldschläge, Wege, Äcker. **Verbreitung:** Ganz Deutschland, in den Alpen bis 900 m, im Alpenvorland und im Nordwesten selten.
Alte Salat-, Heil- und Zierpflanze. Wurzelknollen und junge Blätter eßbar.

Scharfer Mauerpfeffer

Sedum acre

5–15 cm, Juni–Aug.
oben rechts

Merkmale: Ähnlich ist der <u>Milde Mauerpfeffer</u> *(S. sexangulare)* mit kleineren Blüten und schmaleren Blättern und mildem Geschmack. Die ebenfalls gelbblühende <u>Felsen-Fetthenne</u> *(S. reflexum)* wird höher und bildet büschelige Blütenstände aus. **Standort:** An Mauern, Dämmen, Straßenrändern, im Bahnschotter, auf Felsen, in Sand- und Kiesflächen, auch in trockenen Kiefernwäldern. **Verbreitung:** Ganz Deutschland, in den Alpen bis 800 m (Jura bis 1000 m).
Die eiförmig-dicken Blätter dienen der Wasserspeicherung und dem Verdunstungsschutz. Der Saft wirkt kühlend und schmerzstillend (Insektenstiche). Sehr geeignet zur Begrünung von Flachdächern.

Steinbrechgewächse Saxifragaceae

Wechselblättriges Milzkraut

Chrysosplenium alternifolium

8–15 cm, März–Juni
unten links

Merkmale: Entfernt an Wolfsmilch-Arten (S. 76/77) erinnernd. Sehr ähnlich ist das <u>Gegenblättrige Milzkraut</u> *(C. oppositifolium)*. Neben dem namengebenden Unterschied ist der Stengel unserer Art 3kantig (bei der Zwillingsart 4kantig). **Standort:** Kalkreiche Auen- und Schluchtwälder. **Verbreitung:** Ganz Deutschland, in den Alpen bis 1950 m.
Keine Kronblätter, Schauwirkung durch goldgelbe Hochblätter. Früher Heilmittel gegen Milzleiden.

Knöllchen- oder Körner-Steinbrech

Saxifraga granulata

15–40 cm, Mai–Juni
unten rechts

Merkmale: 5 Blütenblätter (vgl. Schaumkraut, S. 50/51), nierenförmige, gelappte Blätter, behaarter Kelch, Brutknöllchen an der Stengelbasis. **Standort:** Wiesen, Magerrasen, Eichen-Hainbuchenwälder; auf kalkarmen Böden. **Verbreitung:** Ganz Deutschland, fehlt aber in den Alpen, im Alpenvorland und im Nordwesten.

Mädesüß, Spierstaude

Filipendula ulmaria

50–150 cm, Juni–Aug.
oben links

Merkmale: Erinnert etwas an Wald-Geißbart *(Aruncus dioicus)*; Blattformen und Standorte aber sehr unterschiedlich. Ähnlich das seltene Kleine Mädesüß *(F. vulgaris)* mit fast farnartigen Blättern und Wurzelknollen. **Standort:** Naßwiesen, an Gräben und Ufern, Moorwiesen, Ufergebüsch, Auwälder *(F. vulgaris* auf Kalk-Magerrasen). **Verbreitung:** Ganz Deutschland, in den Alpen bis 1400 m.
Mandelartig duftende Blüten. Früher zum Süßen von Bier verwendet; deutscher Name hängt wohl mit dem englischen »meadow-sweet« zusammen.

Gewöhnlicher Odermennig

Agrimonia eupatoria

30–100 cm, Juni–Sept.
oben rechts

Merkmale: Erinnert etwas an Königskerzen (S. 126/127), aber viel zarter und gefiederte Blätter. Ähnlich ist der seltene Wohlriechende Odermennig *(A. procera)* mit ausgerandeten Blütenblättern. **Standort:** Waldränder, Heckensäume, Raine und Böschungen, Magerrasen. **Verbreitung:** Ganz Deutschland, im Gebirge bis 900 m.
Ausdauernd; Früchte widerhakig. Gerb- und Bitterstoffe der Blätter wurden gegen Durchfall sowie Magen- und Darmbeschwerden verwendet.

Großer Wiesenknopf

Sanguisorba officinalis

30–120 cm, Juni–Sept.
unten links

Merkmale: Dunkelroter Kelch, keine Krone. Unverkennbar. Ähnlich ist der ebenfalls weit verbreitete Kleine Wiesenknopf (Kleine Bibernelle, *S. minor).* Unterschied: Fiederblättchen unserer Art jederseits mit etwa 12 Zähnchen, die des Kleinen Wiesenknopfs gewöhnlich mit 5–7, außerdem sind seine Blütenköpfchen grünlich, rot überlaufen. **Standort:** Feuchte Wiesen. **Verbreitung:** Ganz Deutschland, in den Alpen bis 1170 m.
Junge Blätter und Triebe sind ein guter Salat- und Gemüsezusatz.

Gewöhnlicher Frauenmantel

Alchemilla vulgaris

5–30 cm, Mai–Sept.
unten rechts

Merkmale: An den tropfensammelnden Blättern und unscheinbaren Blüten leicht erkennbar. Eine Unterscheidung der etwa 60 heimischen Arten ist den Spezialisten vorbehalten. **Standort:** Fett- und Naßwiesen, Weg- und Grabenränder. **Verbreitung:** Als Artengruppe ganz Deutschland.
Bei feuchter Luft scheiden die Blattränder Wassertropfen aus, die sich im Zentrum des wasserabstoßenden Blattes zu großen Tropfen sammeln. Man schrieb ihnen früher alchemistische Wunderkräfte zu (wiss. Name). Die Samen entstehen durch Jungfernzeugung (ohne Befruchtung). Blätter früher gegen zu starke Monatsblutungen verwendet (Name).

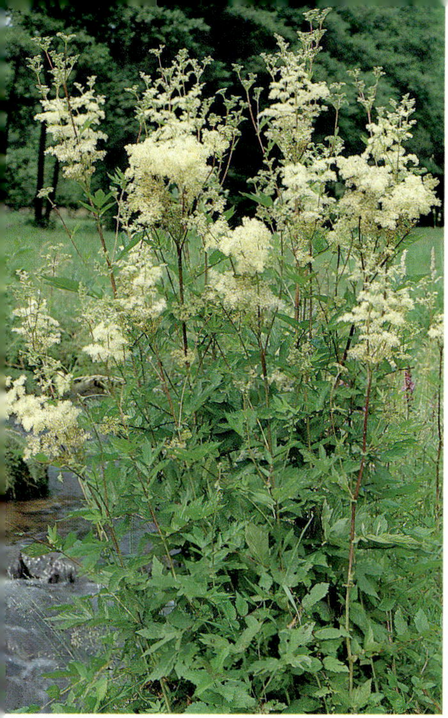
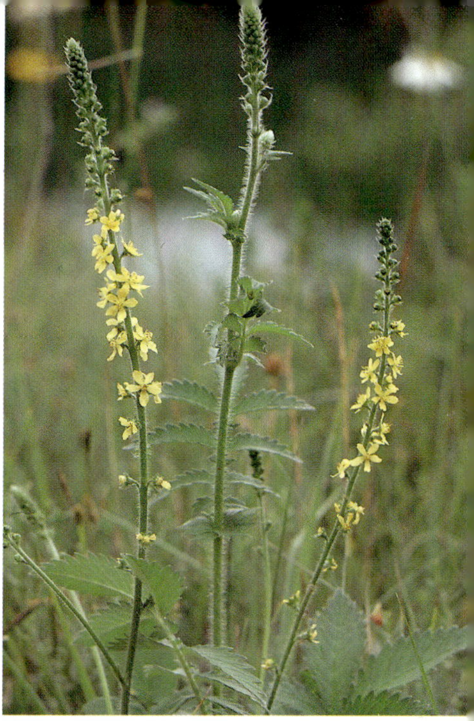
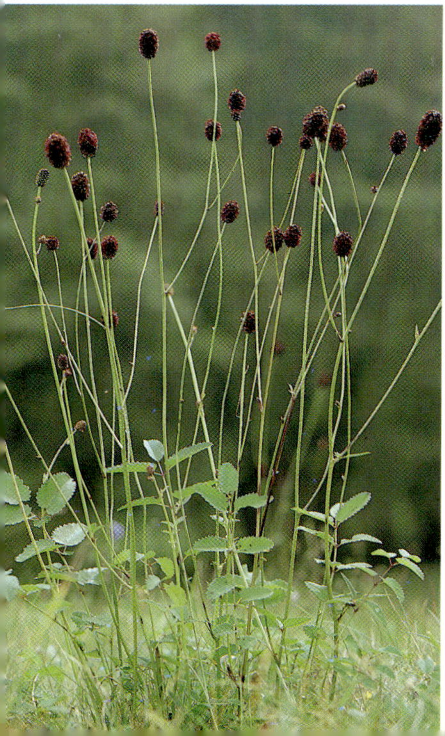
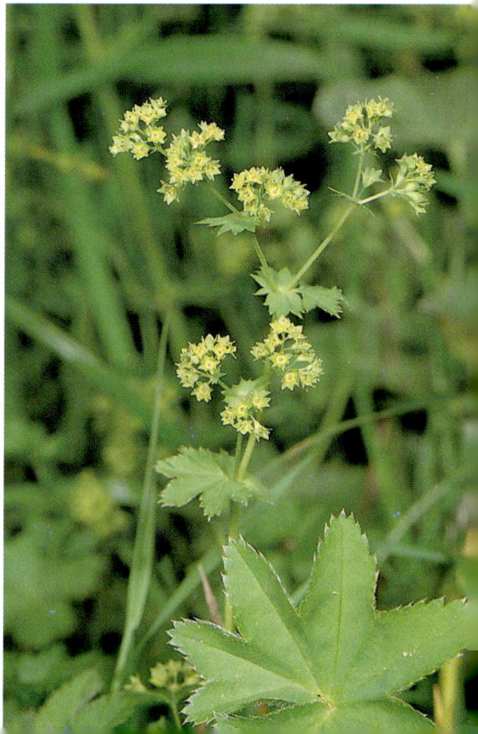

Bach-Nelkenwurz
Geum rivale

20–70 cm, April–Juli
oben links

Merkmale: Die blühende Pflanze ist nicht zu verwechseln. Die oberen Blätter sind im Umriß rundlich, tief 3teilig gelappt, die unteren ungleich gefiedert, mit kleinen Nebenblättern. **Standort:** Naß- und Moorwiesen, Berg-Auwälder, Ufer, Grabenränder. **Verbreitung:** Ganz Deutschland, in den Alpen bis 2000 m, im Westen und Nordwesten lückenhaft.
Die dunkel kupferfarbenen Kelchblätter fallen bei den 5–6zähligen Glockenblüten mehr ins Auge als die außen rötlichen, innen gelben Kronblätter. Durch Entwässerung und Düngung besonders in der Ebene stark im Rückgang.

Echte Nelkenwurz, Benediktenkraut
Geum urbanum

25–90 cm, Mai–Sept.
oben rechts

Merkmale: Das sparrige Gewächs mit seinen verstreuten, kleinen Blüten ist wenig auffällig. Die Blätter gleichen denen der vorigen Art, besitzen aber blattartige Nebenblätter. **Standort:** Krautreiche Eichen-Hainbuchenwälder, Gebüsche, Auwälder, halbschattige Zäune, Mauern, Waldwege. **Verbreitung:** Ganz Deutschland, in den Alpen bis 1000 m.
Wintergrüne Rosettenpflanze mit dickem Rhizom. Früchte mit Haken (Klettverbreitung, vgl. Foto). Junge Blätter für Mischgemüse und -salat verwendbar. Rhizom enthält Nelkenöl (Name) und wird gegen Durchfall und Zahnfleischbluten eingesetzt.

Wald-Erdbeere
Fragaria vesca

5–15 cm, April–Juni
unten links Blüten, rechts Früchte

Merkmale: Nicht leicht zu unterscheiden von zwei seltenen Arten: <u>Zimt-Erdbeere</u> *(F. moschata,* vor allem Bayerischer Wald) und <u>Hügel-</u> oder <u>Knack-Erdbeere</u> *(F. viridis,* vor allem Nordbayern bis zum südlichen Niedersachsen). Die Blattzähnchen der Knack-Erdbeere sind rot, die der beiden anderen grün gesäumt rosa. Von der an den Blütenstielen abstehend behaarten Zimt-Erdbeere unterscheidet sich die Wald-Erdbeere durch kurze, anliegende Behaarung. **Standort:** Waldlichtungen, Waldwege, Waldränder. **Verbreitung:** Ganz Deutschland, in den Alpen bis 2200 m, im Nordwesten lückig.
Wintergrüne Rosettenpflanze mit bis 250 cm langen Ausläufern, an deren Knoten sich bei Bodenkontakt Tochterpflanzen bilden. Die Frucht ist eine Wucherung der Blütenachse, auf der die kleinen Samen sitzen; sie werden durch Vögel und Schnecken verbreitet (Verdauungsverbreitung). Die Monatserdbeeren sind eine Zuchtform der Wald-Erdbeere. Die Blätter können als Tee verwendet werden.

Gänse-Fingerkraut

15–50 cm, Mai–Aug.

Potentilla anserina

oben

Merkmale: Nahezu alle unserer etwa 25 Fingerkraut-Arten sind an ihren 3–7teiligen, meist 5teiligen, handförmig gefingerten Blätter zu erkennen. Da fällt das fiederblättrige Gänse-Fingerkraut ganz aus dem Rahmen und ist dadurch nicht zu verwechseln. **Standort:** Pionierpflanze auf sandigen Stellen, in Trittrasen (Gänseangern!), an Wegen und Straßen, Ufern, Mauern und Zäunen. **Verbreitung:** Ganz Deutschland, in den Alpen bis 800 m.
Ausdauernde, trittfeste Kriechpflanze. Unterseite der Blätter durch feine Behaarung silbrig (Verdunstungsschutz). Bis 1 m lange Ausläufer vom Erdbeertyp. Die Blätter werden als krampflösendes Mittel in der Volksmedizin verwendet.

Frühlings-Fingerkraut

5–15 cm, März–Juni

Potentilla verna

unten links

Merkmale: Blätter meist 5–7zählig, spärlich einfach behaart (selten mit Sternhaaren), Blättchen nicht tief gezähnt, Nebenblätter der ersten Grundblätter lineal; Pflanzen durch blütenlose Rosettentriebe meist lockere Polster bildend.
Beim ähnlichen, ebenfalls weit verbreiteten Kriechenden Fingerkraut *(P. reptans)* entspringen alle Blätter und Blüten an Ausläufertrieben. **Standort:** Warme Magerrasen, sonnige Böschungen und Felsen, Dämme und Wege, lichte Kiefernwälder. **Verbreitung:** Ganz Deutschland, in den Alpen bis 1100 m; im Nordwesten und Norden selten bis fehlend.
Vegetative Vermehrung durch Rhizom-Verzweigung; die Samen werden durch Ameisen verbreitet.

Blutwurz, Tormentill

15–30 cm, Mai–Aug.

Potentilla erecta

unten rechts

Merkmale: Als einziges weit verbreitetes Fingerkraut mit nur 4 Kronblättern ist die Blutwurz leicht zu erkennen. Das ebenfalls 4zählige Englische oder Niederliegende Fingerkraut *(P. anglica)* kommt nur an der Küste etwas häufiger vor; es unterscheidet sich durch gestielte Grundblätter von der Blutwurz. **Standort:** Heiden, Magerrasen, Moorwiesen, auch sonstige Magerwiesen und lichte Wälder. **Verbreitung:** Ganz Deutschland, in den Alpen bis 2200 m.
Das angeschnittene Rhizom färbt sich dunkelrot und wurde früher zum Färben verwendet. Wegen seines hohen Gerbstoffgehalts noch heute als Magen- und Darmmittel verwendet.

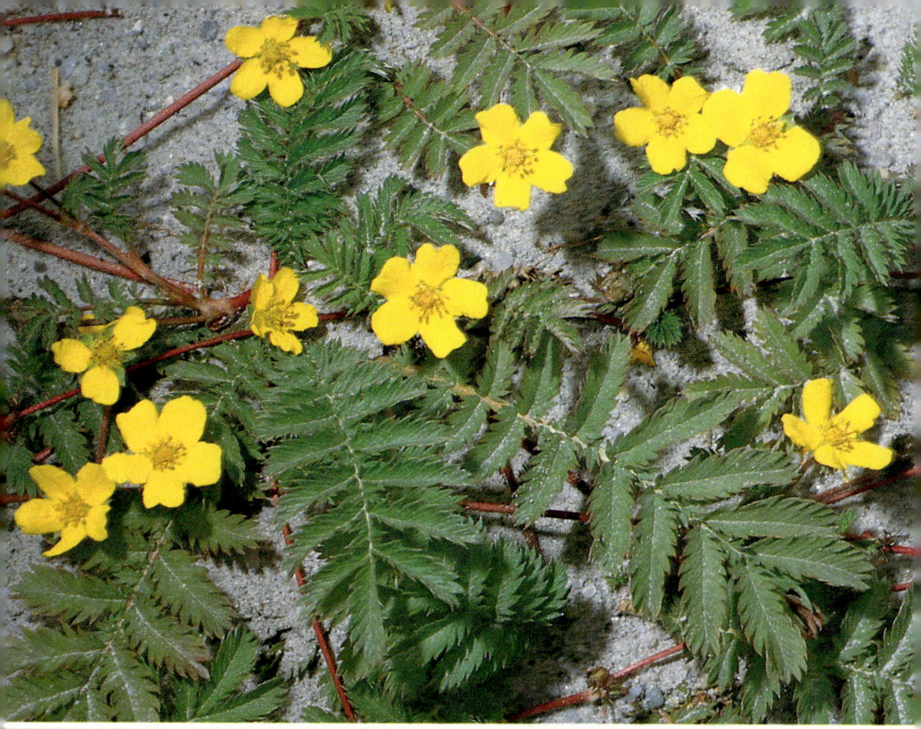
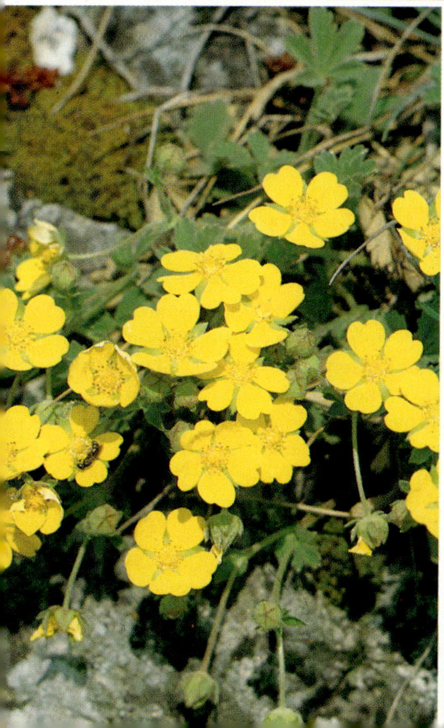
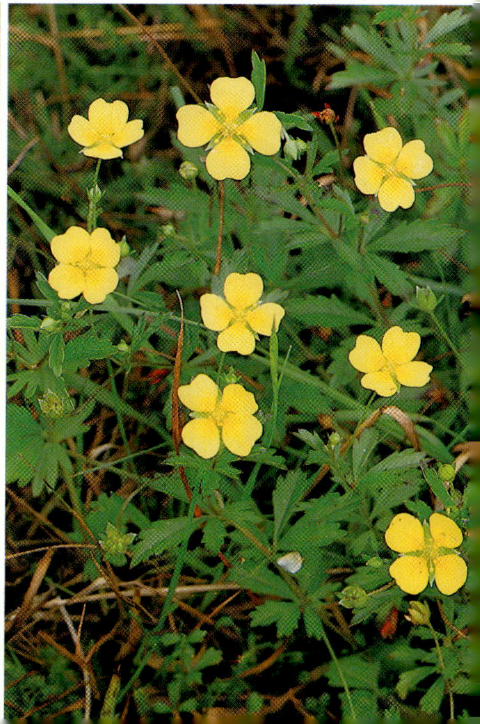

Färber-Ginster

30–60 cm, Mai–Juli

Genista tinctoria — oben links

Merkmale: Von einer Reihe ähnlicher Arten (aus verschiedenen Gattungen) unterscheidet sich der Färber-Ginster durch bleibende, lanzettliche Blätter mit linealen Nebenblättern, nicht geflügelte, dornenlose Stengel, Blüten in endständigen, reichblütigen Trauben sowie durch kahle Kelche und Fruchthülsen. Ähnlich sind vor allem der dornige Deutsche Ginster *(G. germanica,* Süddeutschland), der Behaarte Ginster *(G. pilosa,* West- und Norddeutschland), der dornige Englische Ginster *(G. anglica,* Nordwestdeutschland) und der Flügel-Ginster *(Genistella sagittalis,* Südwestdeutschland). **Standort:** Magerwiesen und -weiden, Moorwiesen, Wald- und Wegränder, lichte Eichenwälder, an Felsen. **Verbreitung:** Ganz Deutschland, in den Alpen bis 840 m, im Schwarzwald bis 1250 m, im Nordwesten lückig bis fehlend.
Halbstrauch (die unteren Stengelteile verholzen und überwintern), bis 1 m tief wurzelnd. Die gelben Blüten wurden früher zum Färben verwendet.

Dornige Hauhechel

30–60 cm, Juni–Aug.

Ononis spinosa — oben rechts

Merkmale: Von der sehr ähnlichen, aber dornenlosen Kriechenden Hauhechel *(O. repens)* unterscheidet sich unsere Art durch lange Dornen, geringere Behaarung und spitzere Blätter. **Standort:** Kalkreiche, sonnige Halbtrocken- und Magerrasen, Wegränder, Böschungen, Moorwiesen. **Verbreitung:** Ganz Deutschland, vor allem Kalkgebiete, in den Alpen bis 950 m; im Nordwesten lückig. (Die Verbreitung der Kriechenden Hauhechel ist fast identisch.) Winterkahler Halbstrauch, bis 1 m tief wurzelnd; Symbiose mit Knöllchenbakterien und Wurzelpilz. Wurzel wird als mildes harntreibendes Mittel verwendet.

Bunte Kronwicke

30–60 (130) cm, Juni–Aug.

Coronilla varia — unten

Merkmale: Von 3 weiteren, seltenen, hauptsächlich süddeutschen Kronwicken-Arten, die alle gelb blühen, ist die rosa-violett blühende Bunte Kronwicke leicht zu unterscheiden. Eher noch bestehen Verwechslungsmöglichkeiten mit rosa-violett blühenden Tragant-Arten *(Astragalus).* **Standort:** Säume von Wäldern und Gebüschen, Dämme, Böschungen, Wegränder, Steinbrüche, Halbtrockenrasen. **Verbreitung:** Hauptsächlich Kalkgebiete im Süden, Alpen bis 950 m; im Nordwesten und Norden selten oder fehlend.
Ausdauernde Pflanze. Die Blattfiedern sind nachts nach oben geklappt. Die Blüten bilden eine doldenförmige »Krone« (Name). Nektar wird nicht in der Blüte, sondern an der Außenseite des Kelches abgesondert.

Vogel-Wicke

30–150 cm, Juni–Aug.

Vicia cracca

oben links

Merkmale: Die Wicken unterscheiden sich von den Platterbsen (s. unten) im allgemeinen durch die Vielzahl ihrer Fiederpaare. Die langen und langstieligen Blütenstände der Vogel-Wicke lassen allenfalls eine Verwechslung mit der seltenen Schmalblättrigen Vogel-Wicke *(V. tenuifolia)* oder der Kassuben-Wicke *(V. cassubica)* zu. **Standort:** Wiesen und Weiden, Wald- und Gebüschränder, Flußufer, auch Schuttplätze, Zäune und Gärten. **Verbreitung:** Ganz Deutschland, in den Alpen bis 1200 m.
Endständige Fiedern zu Ranken umgebildet, mit deren Hilfe die Staude oft hoch an anderen Stauden, Bäumen oder Zäunen klettert.

Zaun-Wicke

30–60 cm, Mai–Aug.

Vicia sepium

oben rechts

Merkmale: Die fast sitzenden Blüten lassen eine Verwechslung mit der Saat- oder Futter-Wicke *(V. sativa)* zu, deren mehr bläulich und purpur gefärbte Blüten nie zu mehr als 2 beisammenstehen. **Standort:** Fettwiesen, krautreiche Laubmischwälder, Gebüsch- und Waldsäume, Waldwege, selten an Zäunen. **Verbreitung:** Ganz Deutschland, in den Alpen bis 1950 m.
Die Kletterstaude besitzt schwärzliche Nektarien an der Unterseite der Nebenblätter, die von Ameisen besucht werden.

Wiesen-Platterbse

30–100 cm, Juni–Aug.

Lathyrus pratensis

unten links

Merkmale: Unsere einzige gelbblühende Platterbse – außer der nur in den Alpen vorkommenden Gelben Platterbse *(L. laevigatus).* Als Platterbse an dem nur einen Fiederpaar (plus 2 großen Nebenblättern) und den platten Hülsen erkennbar. **Standort:** Fett-, Naß- und Moorwiesen, Hecken, Wälder, Gebüsche, Ufer. **Verbreitung:** Ganz Deutschland, in den Alpen bis 1270 m.
Kletterstaude mit zur Ranke umgebildeten Endfieder.

Frühlings-Platterbse

20–50 cm, April–Juni

Lathyrus vernus

unten rechts

Merkmale: Die meist 2paarigen Fiederblättchen dieser Art sind 10–30 mm breit, die Endfieder ist nicht zu einer Ranke umgebildet und kann ganz fehlen. Ähnlich ist die nördlich der Donau vorkommende Berg-Platterbse *(L. linifolius)* mit geflügeltem Stengel und schmaleren Fiedern. **Standort:** Krautreiche Buchen-, Eichen- und Nadelmischwälder; meist auf kalkreichem Boden. **Verbreitung:** Vom Schwarzwald nach Norden bis südliches Niedersachsen und Thüringen, in Südbayern selten.
Bis 1 m tief wurzelnde Schattenpflanze.

Echter Steinklee, Honigklee

Melilotus officinalis

30–100 cm, Juni–Sept.
oben links

Merkmale: Die zu stattlichen, sparrigen Büschen heranwachsenden Stein-klee-Arten sind mit ihren vielblütigen, schlanken Blütenähren kaum zu ver-kennen. Ähnlichkeit mit dem Echten Steinklee hat der ebenfalls gelbblühen-de <u>Hohe Steinklee</u> *(M. altissima)*; Unterschiede (Hoher Steinklee in Klam-mern): Fruchtknoten und Hülsen kahl (angedrückt behaart), Blütenflügel länger als Schiffchen (so lang wie Schiffchen), Blütentraube 4–10 cm lang (2–6 cm), Teilblättchen deutlich gezähnt (sehr scharf gezähnt). **Standort:** Unkrautfluren an Wegen, Dämmen, Schuttplätzen, im Bahngelände, an Ufern. **Verbreitung:** Ganz Deutschland, in den Alpen bis 800 m. Der Hohe Steinklee ist seltener, aber ebenfalls im ganzen Gebiet zu finden.
Zweijährig bis ausdauernd; bis 1 m tief wurzelnd. Blüten sehr nektarreich. Blätter der blühenden Pflanze Hausmittel bei Venenleiden. Durch Cumarin-gehalt bei Überdosierung leicht narkotisierende Wirkung. Wurde früher als Mottenmittel und Tabakersatz verwendet.

Weißer Steinklee, Bucharaklee

Melilotus alba

30–120 cm, Juni–Sept.
oben rechts

Merkmale: Im Habitus der vorigen Art sehr ähnlich. **Standort:** Wie vorige Art. **Verbreitung:** Ganz Deutschland, in den Alpen bis 1240 m.
Wird gelegentlich als Gründüngung angepflanzt.

Hopfenklee, Hopfen-Schneckenklee

Medicago lupulina

10–40 cm, Mai–Sept.
unten links

Merkmale: Von den verschiedenen Klee-Arten mit gelben Blütenköpfchen (Sichelklee, *M. falcata*; Gold-Klee, *Trifolium areum*; Feld-Klee, *T. campestre*; Faden-Klee, *T. dubium*) unterscheidet sich der Hopfenklee durch besonders kleine, dichte Köpfchen. Seine Früchte gleichen kleinen Schneckenhäusern. **Standort:** Kalk-Magerrasen, trockene Wiesen, Äcker, Wege, Dämme. **Ver-breitung:** Ganz Deutschland, in den Alpen bis 1500 m.
Einjährig bis ausdauernd. Früher auch angebaut.

Luzerne

Medicago sativa

20–80 cm, Juni–Sept.
unten rechts

Merkmale: Als Schneckenklee-Art *(Medicago)* an den locker 2–3mal gewun-denen Fruchthülsen zu erkennen. **Standort:** Kulturpflanze; oft verwildert in mageren Wiesen, an Wegen und Böschungen. **Verbreitung:** Ganz Deutsch-land, vor allem Wärme-, Trocken- und Kalkgebiete; in den Alpen bis 1250 m. Wird als wertvolle Futter- und Bodenpflanze meist als Sichelklee-Bastard *(M. falcata)* angebaut. Die stickstoffsammelnden Wurzeln erschließen bis zu 5 m tief (!) den Boden.

Weiß-Klee, Kriechender Klee

10–20 (40) cm, Mai–Sept.

Trifolium repens

oben links

Merkmale: Unter den fast 30 bei uns vorkommenden echten Klee- Arten *(Trifolium)* sind nur wenige weißblühende. Am leichtesten ist der häufige Weiß-Klee mit dem Berg-Klee *(T. montanum)* zu verwechseln, dessen (schlankere) Fiederblättchen aber nicht stumpf bis ausgerandet sind wie bei unserer Art, sondern zugespitzt; auch bildet er keine kriechenden Ausläufer. Auch der weit verbreitete Schweden-Klee *(T. hybridum)* blüht weiß bis rosa. Im Unterschied zum Weiß-Klee ist sein Kelch 5nervig (Weiß-Klee 10nervig), seine Nebenblätter sind krautig und nicht trockenhäutig, und auch er bildet keine wurzelnden Ausläufer. **Standort:** Fettwiesen, Parkrasen, Wege, Äcker, Gärten. **Verbreitung:** Ganz Deutschland, in den Alpen bis 2200 m.
Bienenweide und Bodenverbesserer; wintergrüne Trittpflanze, wird durch häufigen Schnitt gefördert.

Rot-Klee, Wiesen-Klee

15–30 cm, Juni–Sept.

Trifolium pratense

oben rechts

Merkmale: Neben dieser häufigen Wiesenblume gibt es weitere rotblühende Klee-Arten: Mittlerer Klee *(T. medium)* sowie die seltenen Arten Purpur-Klee *(T. rubens)* und Hügel-Klee *(T. alpestre).* Sie haben alle deutlich schmälere Blattfiedern. Der Purpur-Klee hat, ähnlich wie der angebaute Inkarnat-Klee *(T. incaranatum),* eine langgestreckte Blütenähre. **Standort:** Wirtschaftswiesen, Naß- und Moorwiesen, lichte Staudenfluren. **Verbreitung:** Ganz Deutschland, in den Alpen (als besondere Unterart) bis 2270 m.
Bis 2 m tief wurzelnd; mit stickstoffsammelnden Knöllchenbakterien. Auf tiefgründigen Böden in Mitteleuropa ertragreichste Futterpflanze. Blätter wie Spinat verwendbar; Blüten als Hustenmittel.

Wundklee

10–30 cm, Mai–Sept.

Anthyllis vulneraria

unten

Merkmale: Krönchenartiger Blütenstand (auch rot und weiß) mit fingerig geteilten Hochblättern; Kelch filzig, Grundblätter z.T. ungeteilt; Stengelblätter gefiedert, Endblättchen größer als seitliche Fiedern. **Standort:** Sonnige Kalk-Magerrasen, lichte Kiefernwälder, Wege, Böschungen, Dämme. **Verbreitung:** Ganz Deutschland, in den Alpen (als eigene Sippe) bis 3000 m.
Die Blüten standen als Wundmittel in hohem Ansehen (Name).

Vielblättrige oder Stauden-Lupine

100–150 cm, Juni–Aug.

Lupinus polyphyllus

oben Blüten, unten links Früchte

Merkmale: Im Habitus dem Blauen Eisenhut ähnlich, aber ganz andere Blätter und Einzelblüten. Gelegentlich verwildern auch andere Lupinen-Arten: Gelbe Lupine *(L. luteus)*, Schmalblättrige Lupine *(L. angustifolius)*, Weiße Lupine *(L. albus)*. **Standort:** Kiesgruben, Böschungen, Waldschläge. **Verbreitung:** Ganz Deutschland, im Schwarzwald bis 1200 m.
Ausdauernde Halbrosettenpflanze. Als Zierpflanze aus dem westlichen Nordamerika eingeführt; auch als Wildfutter, zur Bodenverbesserung und als Böschungsbefestiger angebaut; vielerorts vollkommen eingebürgert. Die Fruchtklappen der Hülsen (Foto unten links) reißen beim Austrocknen plötzlich auseinander und schleudern die Samen mehrere Meter weit fort.

Gewöhnlicher Hornklee

5–30 cm, Juni–Aug.

Lotus corniculatus

unten rechts

Merkmale: Die relativ großen, gelben Schmetterlingsblüten erinnern eher an Platterbsen (S. 64/65), Geißklee- oder Ginster-Arten (S. 62/63). Nah verwandt und sehr ähnlich ist der ebenfalls häufige Sumpf-Hornklee *(L. uliginosus)*. Unterschiede (Sumpf-Hornklee in Klammern): Dolden 3–7blütig (8–12blütig), Kelchzähne vor dem Blühen zusammengeneigt (abstehend), Stengel meist markig (hohl). **Standort:** Fettwiesen bis Kalk-Magerrasen, Böschungen, Wegränder, Gebüsch- und Waldsäume. **Verbreitung:** Ganz Deutschland, in den Alpen bis 2300 m.
Bis 1 m tief wurzelnd. Das hornförmige Schiffchen (Name) preßt durch das Gewicht anfliegender Insekten Pollen bzw. Griffel heraus.

Wald-Sauerklee

5–15 cm, April–Mai

Oxalis acetosella

oben

Merkmale: So klee-ähnlich die Blätter, so gänzlich anders sind die Blüten dieses mit den Schmetterlingsblütlern nicht näher verwandten Gewächses. Neben dem bekannten Wald-Sauerklee gibt es eine weitere Art, die wenig bekannt, obwohl häufig und weit verbreitet ist: der Aufrechte oder Europäische Sauerklee *(O. fontana)* mit ganz ähnlich geformten Blättern, aber gelben Blüten und aufrechtem, verzweigten Wuchs; man findet ihn in Äckern, Gärten und Friedhöfen. (Weitere, eingeschleppte Arten sind meist selten und unbeständig.) Der Wald-Sauerklee besitzt kriechende Sprosse, von denen Blätter und Blüten emporsteigen und oft dichte Teppiche bilden. **Standort:** Mischwälder, auf modrigen Böden. **Verbreitung:** Ganz Deutschland, in den Alpen bis 1940 m.

Wintergrüne Pflanze; Reservestoffe in fleischigen Niederblättern der Rhizome (Rhizom-Zwiebel). Die Blattfiedern besitzen bewegliche Gelenke, so daß sie bei Kälte, Dunkelheit oder Überbelichtung gesenkt werden können. Die Blüten sind nur bei Sonne mittags geöffnet. Samen werden hauptsächlich von später erscheinenden, stecknadelkopfgroßen, geschlossen bleibenden Blüten durch Selbstbefruchtung gebildet. Die Früchte sind 5spaltig aufspringende, saftige Kapseln; bei Berührung werden die Samen mit einem Druck von 16–17 at (PKW-Reifen: 2–3 at) herausgeschleudert. Sauerklee ist leicht giftig, kann aber in geringen Mengen als Salat-, Gemüse- und Suppenbeigabe verzehrt werden.

Gewöhnliche Kreuzblume

5–15 cm, Mai–Aug.

Polygala vulgaris

unten

Merkmale: Obwohl die Blüten klein sind, fallen sie durch ihr leuchtendes Blau doch ins Auge; gelegentlich blühen sie auch purpur oder weiß. Zu verwechseln ist die Art mit 6–7 anderen blaublühenden Arten der Gattung, von denen aber nur 3 einigermaßen häufig und verbreitet sind: Die Schopfige Kreuzblume *(P. comosa)* mit meist rötlichen Blüten und einem Schopf aus Tragblättern und Knospen an der Spitze wächst in Kalk-Magerrasen. Die Bittere Kreuzblume *(P. amara)* und die Sumpf-Kreuzblume *(P. amarella)*, die sich sehr ähnlich sind, erkennt man am besten an ihrem bitteren Geschmack und an ihren löffelförmigen Blättern (die der Gewöhnlichen Kreuzblume sind spatelförmig). **Standort:** Silikat-Magerrasen, Heiden, Wegränder. *(P. amara* und *amarella* bevorzugen mehr feuchte Standorte.)* **Verbreitung:** Ganz Deutschland, in den Alpen bis 1850 m, im Nordwesten selten.

Von den 5 Kelchblättern sind die 2 seitlichen groß und wie die Kronblätter gefärbt; sie hüllen als »Flügel« fast die ganze Blüte ein. Der Zwergbuchs *(P. chamaebuxus)* mit gelben Kronblättern und weißen »Flügeln« sowie ledrigen, preiselbeerartigen Blättern zählt auch zu den Kreuzblumen.

Wiesen-Storchschnabel

30–60 (80) cm, Juni–Aug.

Geranium pratense · oben links

Merkmale: Unter den fast 20 heimischen Storchschnabel-Arten fällt der Wiesen-Storchschnabel durch seine bläuliche (oft aber auch hell blaulila) Blütenfarbe auf. Vom ähnlichen Wald-Storchschnabel *(G. sylvaticum)* mit mehr rötlich-violetten Blüten unterscheiden ihn auch die tiefer eingeschnittenen und feiner gegliederten Blätter. Die jungen Fruchtstiele sind abgeknickt. Der oft an gleichem Standort wachsende Sumpf-Storchschnabel *(G. palustre)* hat hell purpurfarbene Blüten. **Standort:** Fettwiesen tieferer Lagen, Ufer, Gräben. **Verbreitung:** Ganz Deutschland, im Alpenvorland bis 570 m; im Norden und Nordwesten selten bis fehlend, im Südosten lückig.
Neben zwittrigen Pflanzen auch weiblich mit kleineren Blüten.

Weicher Storchschnabel

10–30 cm, Mai–Sept.

Geranium molle · oben rechts

Merkmale: Gemeinsam mit dem ähnlichen (aber lila blühenden) Zwerg-Storchschnabel *(G. pusillum)* unterscheidet sich der Weiche Storchschnabel von anderen klein- und rosablütigen Arten durch die ausgerandeten (eingebuchteten) Kronblätter. Charakteristisch ist auch die namengebende, zottigweiche Behaarung. **Standort:** Unkrautfluren an Wegen, Dämmen, in Rasen, auf Brachflächen. **Verbreitung:** Ganz Deutschland, im Süden lückig, in den Alpen fehlend.
Bis 50 cm tief wurzelnd.

Stinkender Storchschnabel

15–45 cm, Mai–Sept.

Geranium robertianum · unten links

Merkmale: Der unangenehme Geruch der geriebenen Pflanze ist ein gutes Erkennungsmerkmal. Die Blätter setzen sich aus 3 (5) gestielten, fiederspaltigen Blättchen zusammen. Die Stengel sind meist rötlich und drüsig behaart. **Standort:** Häufig in krautreichen Wäldern, auf Schlägen, an schattigen Mauern und Felsen. **Verbreitung:** Ganz Deutschland, in den Alpen bis 1700 m. Moderhumuswurzler, der hohe Luftfeuchtigkeit liebt. Auch Ruprechtskraut genannt.

Gewöhnlicher Reiherschnabel

10–50 cm, April–Sept.

Erodium cicutarium · unten rechts

Merkmale: Im Gegensatz zu den rundblättrigen Storchschnabel-Arten haben die Vertreter der Gattung *Erodium* (die man bei uns meist zu einer Artengruppe zusammenfaßt) längliche, gefiederte Blätter. Die Blüten sind rosa oder lila. **Standort:** Lückige Unkrautfluren von Sandäckern, Weinbergen, Dünen, Wegrändern. **Verbreitung:** Ganz Deutschland (ohne Alpen) bis etwa 500 m. Bis 150 cm tief wurzelnde Pionierpflanze und Sandzeiger.

Zypressen-Wolfsmilch

15–30 cm, April–Juni

Euphorbia cyparissias

oben

Merkmale: Die mehr als 20 heimischen Wolfsmilch-Arten enthalten alle einen weißen Milchsaft. Ihre Blüten werden als Scheinblüten (Cyathien) bezeichnet. Sie bestehen aus einem glockenförmigen Hüllbecher, zwischen dessen 5 Zipfeln 4–5 bohnen- oder halbmondförmige Drüsenanhängsel (Nektarien) sitzen. Im Innern des Bechers stehen 10–20 männliche Blüten, die nur aus einem Staubblatt bestehen; im Zentrum ist eine weibliche Blüte, die sich aus Fruchtknoten und gestielter Gipfelblüte zusammensetzt. – Die Zypressen-Wolfsmilch ist an ihren sehr schmalen, fast nadelförmigen, dicht stehenden Blättern und den zu Dolden vereinigten (Schein-)Blüten zu erkennen. Die zunächst grünlichgelben Hüllblätter werden später oft leuchtend rot. **Standort:** Warme, sonnige Böschungen, Magerrasen, Wegränder, Raine. **Verbreitung:** Ganz Deutschland, in den Alpen bis 2200 m, im Nordwesten lückig.

Ausdauernder Wurzelkriech-Pionier. Sehr giftig, daher Verwendung des Milchsaftes gegen Warzen problematisch. In den Tropen auch baum- und kateenartige Euphorbien. Auch der Weihnachtsstern (Poinsettie) gehört zur gleichen Gattung.

Sonnenwend-Wolfsmilch

10–30 cm, Mai–Sept.

Euphorbia helioscopia

unten links

Merkmale: Hüllblätter grün bis gelbgrün, Drüsenanhängsel orange. Blütendolde meist 5strahlig. Blätter eiförmig-länglich, vorn fein gesägt. **Standort:** Lückige Unkrautfluren, Äcker, Gärten, Weinberge. **Verbreitung:** Ganz Deutschland, in den Alpen bis 1000 m.

Bis 80 cm tief wurzelndes einjähriges Ackerunkraut.

Wald-Bingelkraut

15–30 cm, April–Mai

Mercurialis perennis

unten rechts

Merkmale: Das meist in Herden auftretende Waldkraut entbehrt auffälliger Merkmale. Es ist zweihäusig, mit unscheinbaren Blüten. Das Foto zeigt 2 männliche Pflanzen, die weiblichen Blütenstände sind kürzer. Ähnlich ist das mehr im Westen unseres Gebietes vorkommende, erst ab Juni blühende Einjährige Bingelkraut *(M. annua).* **Standort:** Krautreiche Mischwälder, Auen und Hochstaudenfluren. **Verbreitung:** Ganz Deutschland, in den Alpen bis 1800 m, im Nordwesten lückig.

Beim Trocknen nimmt die Pflanze durch Bildung von Indigo einen blauschwarzen Glanz an und wurde deshalb in der Alchemie als Bestandteil des »Steins der Weisen« verwendet.

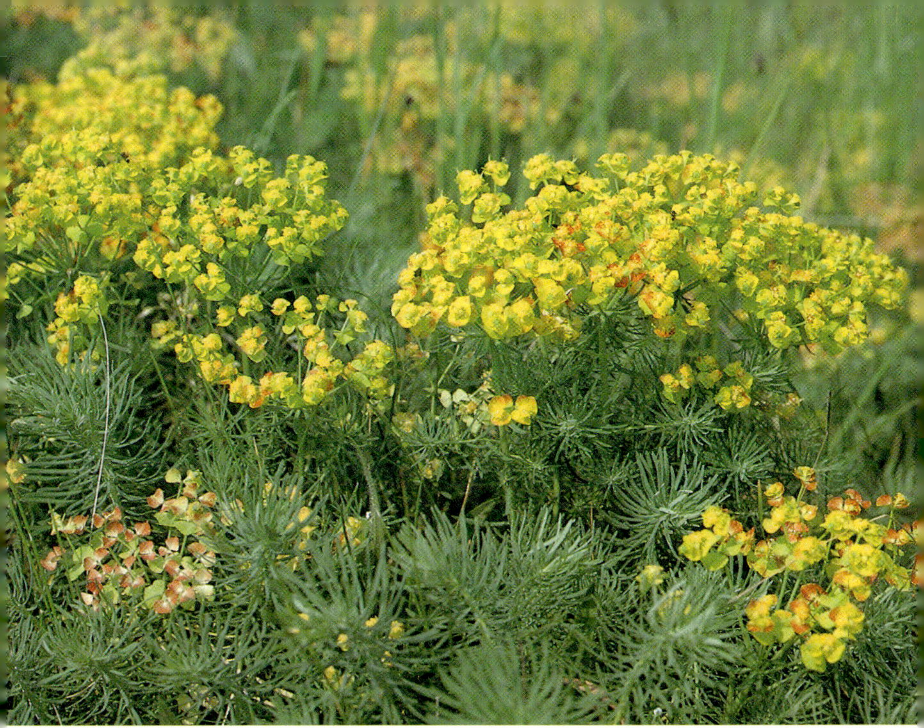

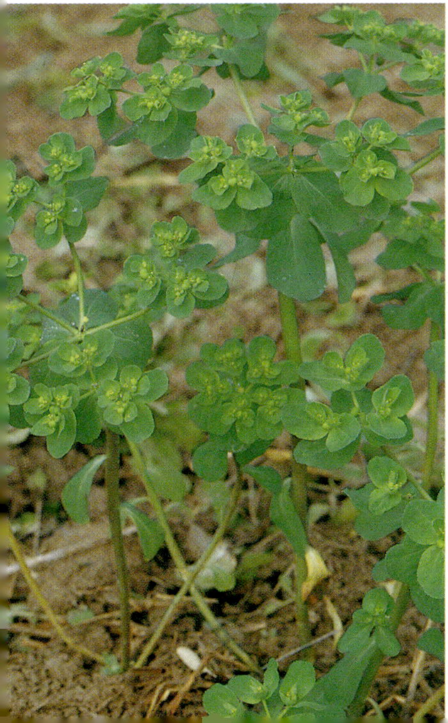

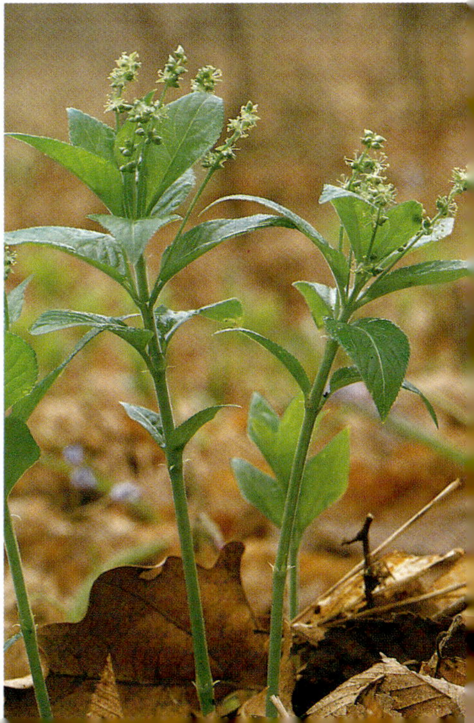

Rührmichnichtan, Echtes Springkraut

30–100 cm, Juli–Aug.

Impatiens noli-tangere

oben links

Merkmale: Durch ihre eigenwillige Blütenform sind die 3 bei uns wild vorkommenden Springkraut-Arten mit anderen Blumen nicht zu verwechseln – und aufgrund ihrer Blütenfarbe und -größe auch untereinander nicht. Die gelben Blüten sind 20–30 mm lang. **Standort:** Gesellig in Auwäldern und anderen etwas feuchten Gehölzen; stets im Schatten. **Verbreitung:** Ganz Deutschland, in den Alpen bis 1300 m.

Das einjährige Kraut ist vor allem bekannt durch den Springmechanismus seiner Kapseln, die durch Zellsaftdruck bei Berührung blitzschnell aufreißen und die Samen bis 3 m weit ausschleudern (»impatiens« = ungeduldig). An den Blättern befinden sich sogenannte extraflorale Nektarien.

Kleinblütiges Springkraut

30–60 cm, Juni–Sept.

Impatiens parviflora

oben rechts

Merkmale: Siehe vorige Art. Die hellgelben bis weißlichen Blüten sind nur 10 mm lang, der Sporn gerade. **Standort:** Krautreiche, etwas gestörte, siedlungsnahe Laubwälder und Waldränder, Parks, Hecken, Gärten; auf nährstoffreichen, meist kalkarmen Böden; Schatten bis Halbschatten. **Verbreitung:** Seit 1837 aus botanischen Gärten verwildert und heute als Kulturfolger überall verbreitet. Heimat Nordostasien.

Verdrängt wie folgende Art vielfach die heimische Vegetation.

Drüsiges Springkraut

50–250 cm, Juli–Aug.

Impatiens glandulifera

unten

Merkmale: Nicht zu verwechseln. Blattstiele mit Drüsen. Bildet oft massige Bestände. **Standort:** Gartenpflanze, die etwa seit 1945 vielerorts vollständig eingebürgert ist; vor allem Weiden-Auwälder und andere Standorte mit hoher Luftfeuchtigkeit, Schatten bis Halbschatten und nährstoffreichen, frischen Böden. **Verbreitung:** Noch etwas lückenhaft in ganz Deutschland, vor allem entlang den großen Flußtälern. Heimat Himalaya.

Die Konkurrenzkraft dieses Einwanderers ist so groß, daß vielerorts, besonders im Rheintal, die heimische, standortgemäße Vegetation großflächig verdrängt wird. Die Versuche von Naturschützern, hiergegen anzugehen, sind wohl zum Scheitern verurteilt.

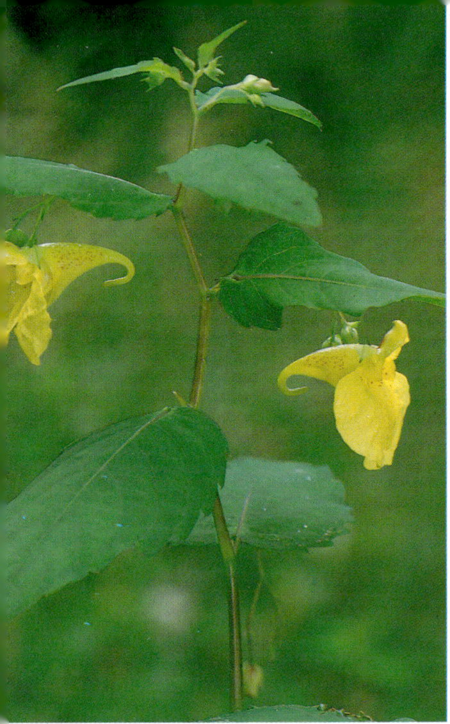
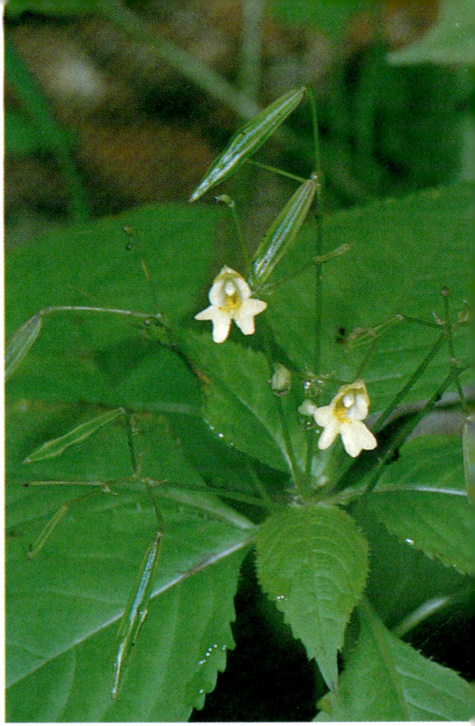
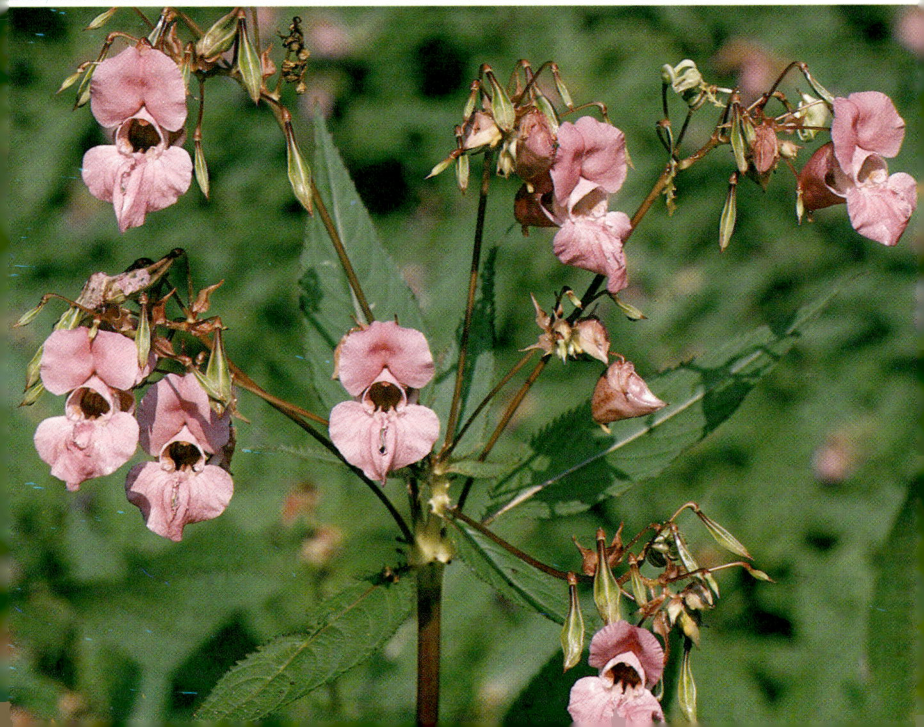

Moschus-Malve

Malva moschata

20–70 cm, Juni–Okt.
oben

Merkmale: Die manchmal auch weiß blühende Moschus-Malve kann am ehesten mit der Rosen-Malve *(M. alcea)* verwechselt werden. Bei beiden sind die oberen Stengelblätter fast bis zum Grund 5–7teilig gefingert. Die einzelnen Blattzipfel sind aber nur bei der Moschus-Malve noch einmal mit sehr schmalen Blattzipfeln tief eingeschnitten. Außerdem sind die Blätter des Außenkelchs schmal-lanzettlich, während sie bei der Rosen-Malve eiförmig sind. Mit einer Lupe erkennt man, daß die Haare am oberen Stengel bei der Moschus-Malve einfach, bei der Rosen-Malve sternförmig sind. Schließlich riecht die Moschus-Malve leicht nach Moschus. Die Wilde Malve *(M. sylvestris)* hat rot gestreifte Blütenblätter und nur schwach gelappte Blätter. **Standort:** Sonnige Böschungen und magere Wiesen; auf basenreichen, aber meist kalkarmen Sand- und Lehmböden. **Verbreitung:** Etwas lückig in ganz Deutschland, oft wohl nur verwildert.

Verwandte Arten sind die in (Bauern-)Gärten viel verwendeten Stockrosen *(Althaea rosea)* sowie der Echte Eibisch *(A. officinalis).* Was gewöhnlich als Malventee verkauft wird, sind die dunkelroten, dickfleischigen Kelchblätter einer tropischen Hibiskus-Art *(Hibiscus sabdariffa).*

Weg-Malve, Gänse-Malve

Malva neglecta

15–40 cm, Juni–Okt.
unten

Merkmale: In Blüte und Blatt gleicht diese Art einer verkleinerten Rosen-Malve *(M. alcea).* Sie ist jedoch niemals so hoch aufgerichtet, sondern kriecht gewöhnlich am Boden oder an Mauern. Die Blütenblätter sind nur 5–12 mm lang. **Standort:** Lückige Unkrautfluren, an Mauern, Wegen und Dungplätzen; auf stickstoffreichen Böden, wärmeliebend; oft zusammen mit der Kleinen Brennessel *(Urtica urens).* **Verbreitung:** Ganz Deutschland; in den Alpen bis 900 m.

Der Nektar wird hier, im Gegensatz zu dem meisten anderen Blüten, von der Oberseite der Kelchblätter abgeschieden. Charakteristisch für alle Malven ist die aus vielen verwachsenen Staubfäden gebildete Säule (Columna), die eine Röhre um den Griffel bildet. Die unreifen, in der Form an Hartkäse erinnernden, kohlartig schmeckenden Früchte (daher der Name Käsepappel für manche Malven) können roh gegessen werden; die jungen Blätter und Triebe sind als Salat und Gemüse geeignet. Wegen ihres hohen Schleimstoffgehalts auch als Hustenmittel verwendet.

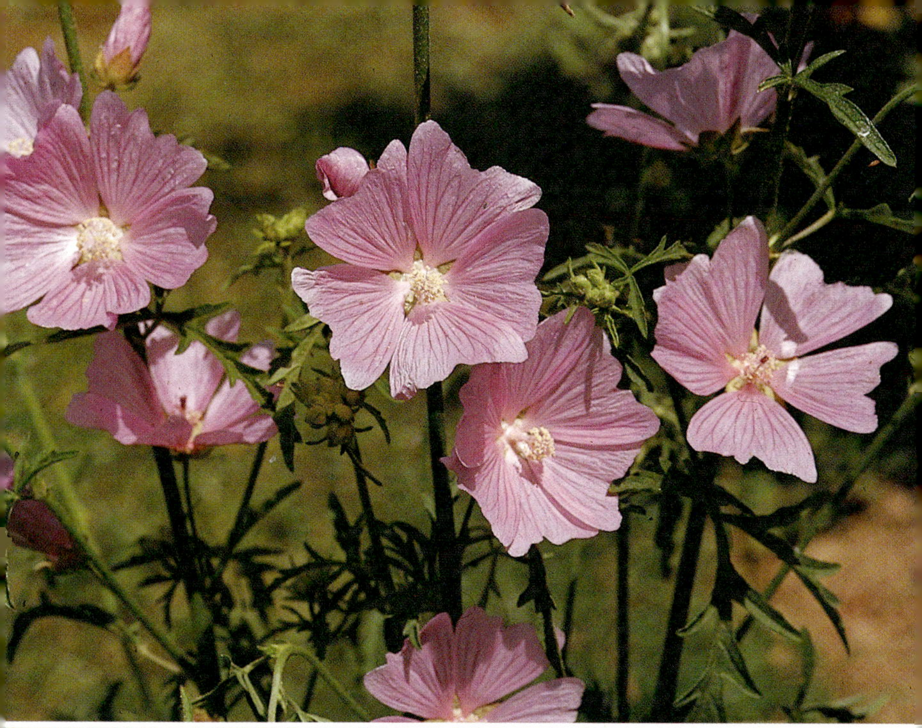

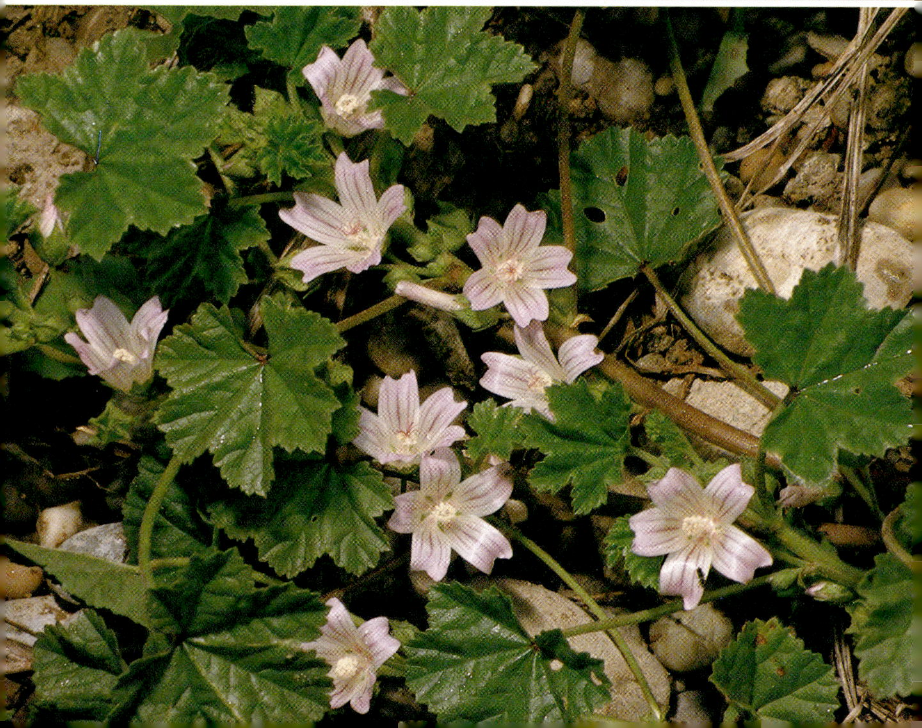

Gewöhnliches Sonnenröschen

Helianthemum nummularium

10–20 cm, Juni–Okt.

oben

Merkmale: Blüte und Habitus erinnern an Fingerkraut-Arten *(Potentilla,* vgl. S. 60/61), die Blattform läßt aber eine Verwechslung kaum zu. Unter dem Namen Gewöhnliches Sonnenröschen werden meist mehrere ähnliche Arten und Unterarten zusammengefaßt; man nennt so etwas eine Artengruppe oder Aggregation. Es werden hier die Sippen des Großblütigen Sonnenröschens *(H. grandiflorum)* und des Ovalblättrigen Sonnenröschens *(H. ovatum)* dazugerechnet. Von ihnen unterscheidet sich das Graue Sonnenröschen *(H. canum)* durch weißfilzige Blattunterseite, das Alpen-Sonnenröschen *(H. alpestre)* durch Polsterwuchs, Blätter ohne Nebenblätter und kleine Büten; das Apenninen-Sonnenröschen *(H. apenninum)* hat weiße, nur am Grund gelbe Blüten. **Standort:** Sonnige Kalk-Magerrasen, Böschungen, Raine, Kiefern-Trockenwälder, Felsschutt. **Verbreitung:** Die Artengruppe ist mit Ausnahme der Norddeutschen Tiefebene in ganz Deutschland verbreitet. In den Alpen bis über 2500 m.

Zwergstrauch mit immergrünen, am Rand eingerollten Lederblättern – eine Anpassung an trockene Standorte. Die Blüten wenden sich der Sonne zu und öffnen sich nur bei über 20°C. Weit über 100 Staubblätter durch Teilung entstanden; die äußeren spreizen sich bei Berührung ihrer Basis nach außen. Lebt in Symbiose mit einem Wurzelpilz.

Echtes Johanniskraut, Tüpfel-Hartheu

Hypericum perforatum

30–60 cm, Juli–Aug.

unten

Merkmale: Die Blüten dieser Gattung sind an den zahlreichen, langen, gelben Staubfäden gut zu erkennen. Charakteristisch sind auch die kreuzgegenständigen Blätter mit den aus ihren Achseln kandelaberartig aufsteigenden Blütenstielen. Eine gewisse Ähnlichkeit besteht zum Gewöhnlichen Gilbweiderich *(Lysimachia vulgaris,* vgl. S. 98/99). Von 8 weiteren heimischen Arten unterscheidet sich das Echte Johanniskraut durch seine von vielen durchscheinenden Punkten wie durchlöchert (»perforatum«!) wirkenden Blätter. **Standort:** Gebüschsäume, Waldränder, Wege und Böschungen, Magerrasen, Heiden, Brachen, Waldlichtungen. **Verbreitung:** Ganz Deutschland; in den Alpen bis 1500 m.

Die durchscheinenden Punkte in den Blättern sind Ölbehälter. Außerdem enthält die Pflanze das blutrote Hypericin, das beim Quetschen der Blütenblätter austritt. Es wirkt entzündungshemmend, macht aber in größeren Mengen die Haut lichtempfindlich, so daß Blasen entstehen können (auch »Lichtkrankheit« bei Pferden). Wird neuerdings wieder gegen Depressionen verwendet.

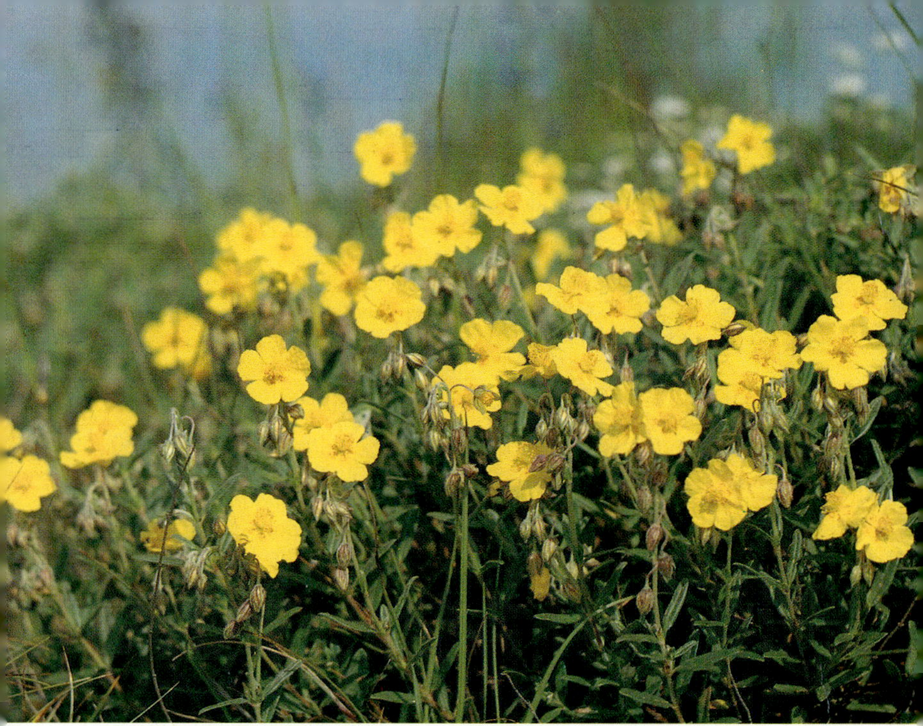
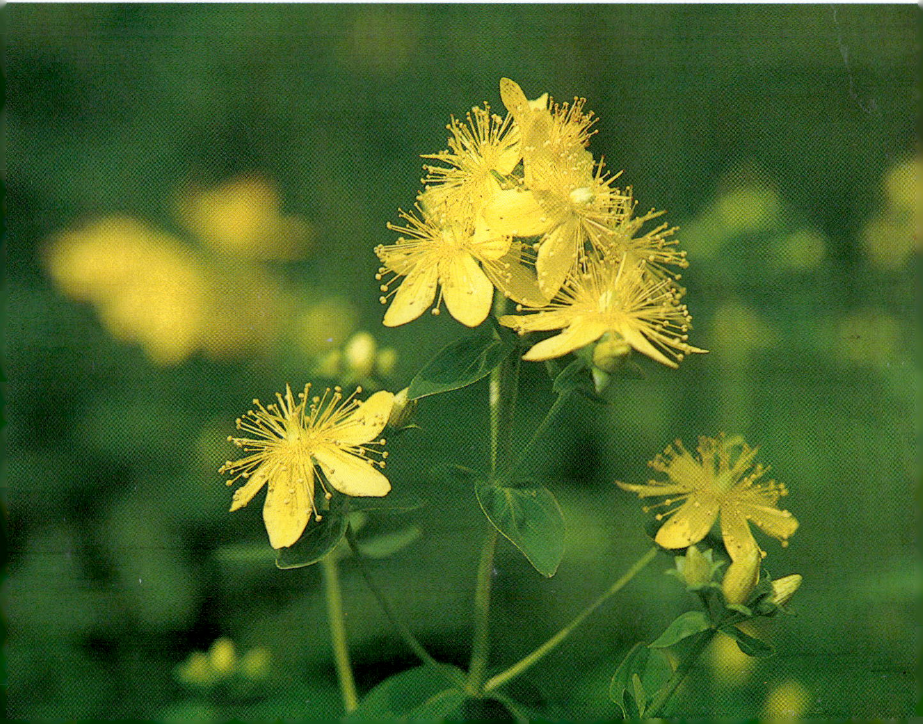

Hain-Veilchen
Viola riviniana

5–25 cm, April–Juni
oben

Merkmale: Die Bestimmung der fast 20 verschiedenen blau oder violett blühenden Stiefmütterchen- und Veilchen-Arten ist nicht einfach, zumal Bastardierungen nicht selten sind. Wir müssen uns hier auf die Unterschiede der beiden abgebildeten, verbreitetsten Arten beschränken. Das meist nach dem Wald-Veilchen (s. unten) blühende Hain-Veilchen ist in der Regel an seinem weißlichen, selten blaßvioletten, dicklichen, an der Spitze ausgerandeten Sporn zu erkennen. Beide Arten duften nicht. **Standort:** Lichte, grasige Eichenwälder, Magerrasen und Heiden; auf sauren, kalkarmen, etwas sandigen Böden. **Verbreitung:** Ganz Deutschland; in den Alpen bis 1700 m. Moderhumus- und Halbschattenpflanze. Beim Wohlriechenden oder März-Veilchen *(V. odorata)* sind die eigentlichen Blüten, obwohl sie komplizierte Bestäubungseinrichtungen aufweisen, nicht zur Fruchtbildung in der Lage; dies besorgen später, im Sommer erscheinende, unscheinbar knospenförmige, sich gar nicht öffnende Blüten durch Selbstbestäubung.

Wald-Veilchen
Viola reichenbachiana

5–25 cm, März–Mai
unten links

Merkmale: Im Unterschied zu voriger Art ist der Sporn des Wald-Veilchens dünn, dunkelviolett, 4–6 mm lang, meist abwärts gebogen und an der Spitze nicht ausgerandet. Nicht duftend. **Standort:** Krautreiche Laub- und Nadelmischwälder. **Verbreitung:** Ganz Deutschland; in den Alpen bis 1600 m. Mullboden- sowie Schatten- bis Halbschattenpflanze. Die Samen werden bevorzugt von Ameisen verbreitet.

Acker- oder Feld-Stiefmütterchen
*Viola arvensis (tricolor-*Gruppe)

5–20 cm, April–Okt.
unten rechts

Merkmale: Die Stiefmütterchen unterscheiden sich von den Veilchen durch zumeist zweifarbige Blüten, durch aufwärts gerichtete seitliche Blütenblätter, durch längliche Blätter und fiederspaltige Nebenblätter. Die Unterscheidung der etwa 8 heimischen Stiefmütterchen-Arten (oder Unterarten) ist hier wenig sinnvoll, da neben unserer Art nur noch das sehr ähnliche Wilde Stiefmütterchen *(V. tricolor)* einigermaßen weit verbreitet ist – vor allem in Schleswig-Holstein. Beide Arten werden aber auch oft zu einer Artengruppe zusammengefaßt. **Standort:** In Wintergetreide-Feldern oder anderen Unkrautfluren, auch an Wegen und Schuttplätzen. **Verbreitung:** Ganz Deutschland; in den Alpen bis 900 m. Einjährige Pflanze, die bis 45 cm tief wurzelt. Durch Herbizideinsatz wurden bis 1 m hohe Formen ausgelesen. Samen mit ölhaltigem Anhang, dadurch Ameisenverbreitung. Wird in der Volksheilkunde gegen Husten und Halsentzündung verwendet.

Blut-Weiderich

50–100cm, Juli–Sept.

Lythrum salicaria

oben

Merkmale: Aus der Ferne kann man die roten Blütenstände mit denen der Weidenröschen-Arten (vgl. S. 88/89) verwechseln. Aus der Nähe sieht man, daß die Weiderich-Blüte aus 5 schmalen, die Weidenröschen-Blüte aus 4 breiten Kronblättern besteht – und viele andere Unterschiede, wie die bei den Weidenröschen auffallende Form der Früchte und die recht unterschiedlich ausgebildete Sproßspitze. Der sehr seltene, einjährige Ysop-Weiderich *(L. hyssopifolia)* ist viel kleiner (7–30 cm), hat violettrote Blüten und schmaleiförmige Blätter. **Standort:** Staudenreiche Naßwiesen, an Gräben und Ufern, in Seggen- und Moorwiesen. **Verbreitung:** Ganz Deutschland, vor allem in tieferen Lagen; in den Alpen bis 1400 m, selten auf Silikat. Lichtpflanze. Es kommen 3 verschiedene Blütenformen mit unterschiedlich langen Griffeln und Staubblättern vor, wordurch Fremdbestäubung gegenüber Eigenbestäubung gefördert wird.

Nachtkerzengewächse Onagraceae

Gewöhnliche Nachtkerze

50–200cm, Juni–Aug.

Oenothera biennis

unten

Merkmale: Mit anderen Gattungen unserer Flora sind die Nachtkerzen wohl kaum zu verwechseln. Innerhalb der Gattung gibt es jedoch eine Vielzahl von Arten und Kleinarten sowie Bastarde, die gewöhnlich nur als zwei Artengruppen unterschieden werden, die Großblütigen Nachtkerzen *(Oe. biennis*-Gruppe), zu denen unsere Art gehört, und die Kleinblütigen Nachtkerzen *(Oe. parviflora*-Gruppe). Sie unterscheiden sich durch folgende Merkmale (in Klammern Kleinblütige Nachtkerzen): Stengel zur Blütezeit gerade (nickend), Blattrosette des Vorjahres dem Boden anliegend (erhoben), Blütenblätter über 20 mm lang, länger als Staubblätter (unter 20 mm, so lang wie Staubblätter). **Standort:** Lückige Unkrautfluren, Schuttplätze, Bahndämme, Böschungen, Hafenanlagen, Steinbrüche, Mittelstreifen der Autobahn. **Verbreitung:** Ganz Deutschland; in den Alpen bis 700 m. Kleinblütige Nachtkerzen hauptsächlich in Stadtregionen (München, Wiesbaden, Frankfurt, Rhein-Ruhr-Gebiet, Berlin, Unterelbe) sowie auf Nordseeinseln.

Die Nachtkerzen stammen aus Nordamerika. Die meisten Arten entstanden aber erst in Europa durch Kreuzung. Unsere Art ist seit 1619 im Gebiet. Zweijährige Lichtpflanze, Tiefwurzler (bis 160 cm), Langtagpflanze (d.h. bildet erst ab bestimmter Tageslänge Blüten aus). Durch Besonderheiten bei der Vererbung interessantes Studienobjekt. Die Blüten öffnen sich in der Dämmerung mit deutlichem Knistern. Duftet überwiegend nachts und lockt damit Nachtfalter an. Fleischige Wurzel kann wie Schwarzwurzel genossen werden. In den fettreichen Samen ist die stoffwechselbedeutsame Gamma-Linolensäure enthalten.

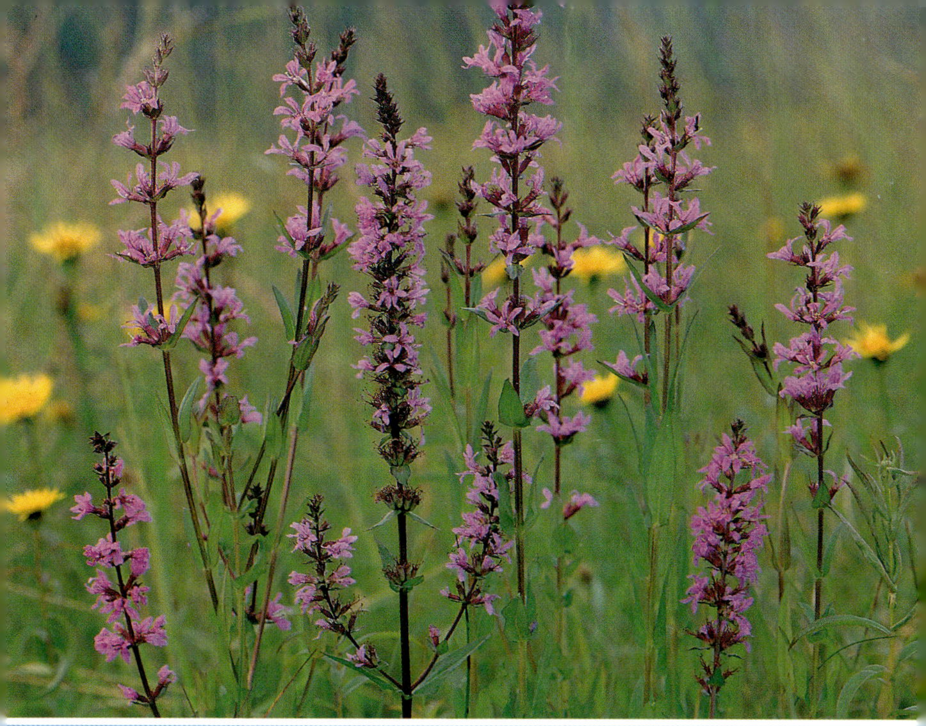

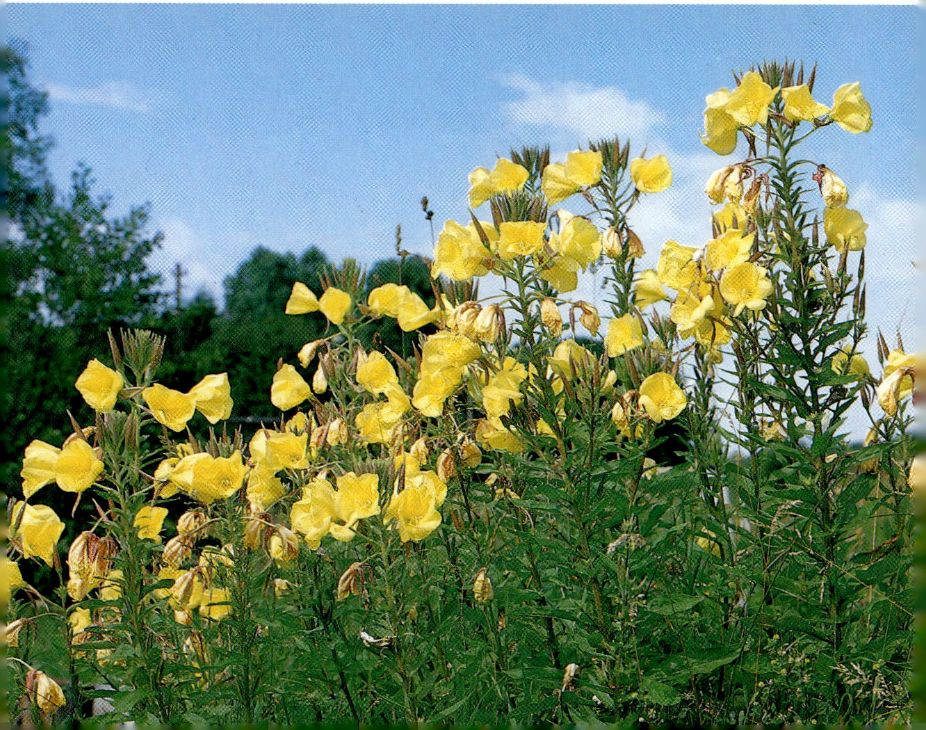

Schmalblättriges Weidenröschen

10–150 cm, Juli–Aug.

Epilobium angustifolium

oben Blüten, unten links Fruchtstände

Merkmale: Es gibt in Mitteleuropa nahezu 20 Arten von Weidenröschen, von denen immerhin 9 in ganz Deutschland verbreitet sind. Wir können hier nur auf die Unterschiede zwischen den beiden häufigsten, hier abgebildeten Arten eingehen. Charakteristisch für das Schmalblättrige Weidenröschen (und 2 weitere, seltene Arten) ist, daß bei ihm alle Blätter, auch die unteren, wechselständig stehen. Seine Blüten sind recht groß (20–30 mm im Durchmesser), die Kelchblätter rot überlaufen. Die schmal-lanzettlichen Blätter (10–20 mm breit) sind unterseits blaugrün und deutlich geadert. Wie alle Vertreter der Gattung ungewöhnlich lange, dünne, unterständige Fruchtknoten, die zur Reife in 2 Fächer aufreißen und die Schirmchenflieger freigeben (Foto unten links). Die ungewöhnliche Größenspanne (10–150 cm) hängt damit zusammen, daß die Art im Zwergwuchs auch an sehr ungünstigen Standorten zur Blüte kommen kann. **Standort:** Kahlschläge, Waldverlichtungen, Waldwege, Schuttplätze, auch an Ufern. **Verbreitung:** Ganz Deutschland; in den Alpen bis 1900 m.

Die Art gehört zu den Rohboden-Pionieren und Humuszehrern mit weit- und tiefreichendem Wurzelsystem. Dadurch Bodenbereiter und Bodenfestiger. Lichtpflanze und Lichtkeimer. Die zweiseitige Symmetrie der Blüten wird durch die Erdanziehung eingestellt. Pro Pflanze werden Hunderttausende von Samen produziert. Junge Triebe und Blätter aller Weidenröschen-Arten sind als Gemüse genießbar. Als dekorative Hochstaude für Naturgärten geeignet.

Zottiges Weidenröschen

80–150 cm, Juni–Sept.

Epilobium hirsutum

unten rechts

Merkmale: Stengel abstehend behaart; Blätter gegenständig, weichhaarig, halbstengelumfassend, etwas herablaufend, gezähnt-gesägt; Staubblätter und Griffel aufrecht (nicht hängend wie bei voriger Art), Blüten radiärsymmetrisch. **Standort:** Staudenfluren an Bächen, Gräben, im Saum von Weidengebüsch. **Verbreitung:** Ganz Deutschland; in den Alpen bis 1300 m.

Auch diese Art tritt vielfach als Pionier und Bodenfestiger auf.

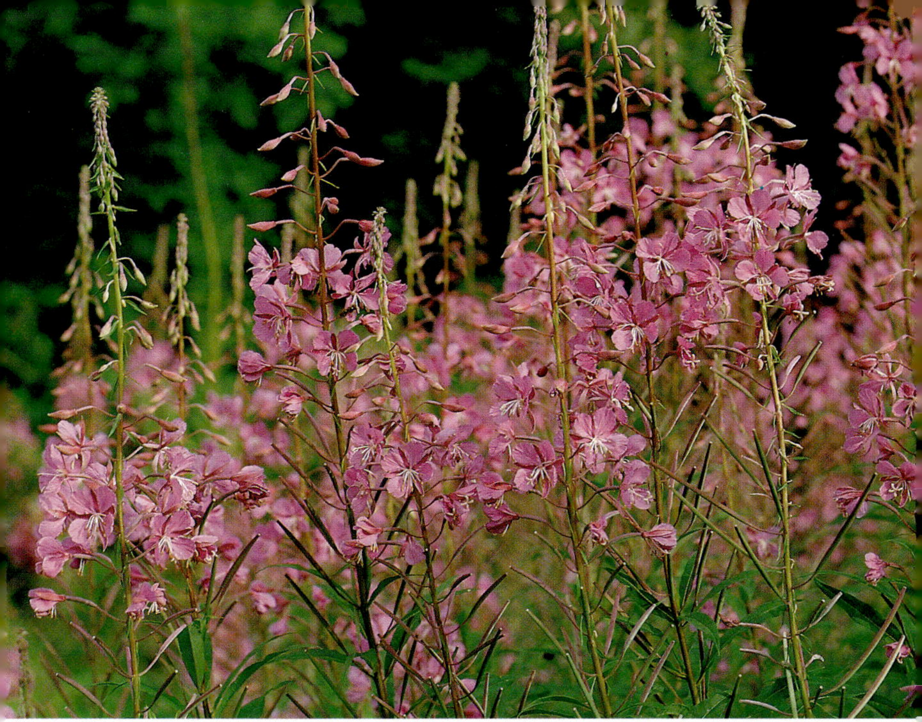
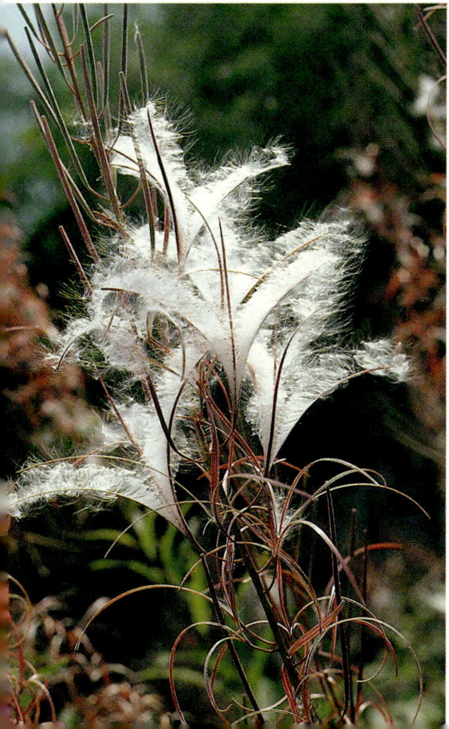
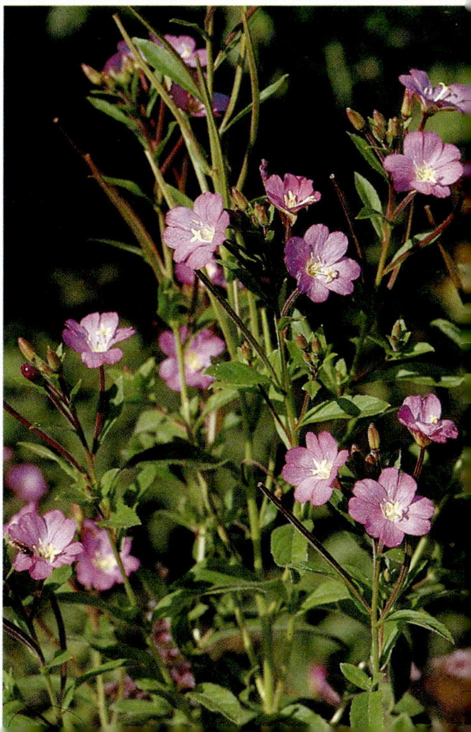

Große Sterndolde

30–90 cm, Juni–Aug.

Astrantia major

oben

Merkmale: Nur mit der sehr ähnlichen <u>Bayerischen Sterndolde</u> *(A. bavarica)* zu verwechseln, die aber selten und im wesentlichen auf die östlichen Alpen und Voralpen zwischen 1200 und 1800 m beschränkt ist. **Standort:** Bergwiesen, Gebüsch, Wälder und Waldsäume; auf frischen, kalkhaltigen Lehmböden. **Verbreitung:** Alpen, Alpenvorland und Jura, Harz, Erzgebirge und Lausitz; in den Alpen bis 1900 m.

Die aus vielen, unscheinbaren Einzelblüten bestehende Dolde wird hier durch die blütenblattartigen Hüllblätter zu einem einheitlichen, blütenähnlichen Schaugebilde (Körbchenblumentyp). Während die meisten Doldenblütler eine Doppeldolde ausbilden (s. nächste und übernächste Doppelseite), haben wir hier eine einfache Dolde vor uns. Neben zwittrigen Blüten kommen auch langstielige männliche und kurzstielige weibliche vor. Die Sterndolde gilt als ursprüngliche Form der Doldengewächse.

Sanikel, Wald-Sanikel

20–45 cm, Mai–Juni

Sanicula europaea

unten

Merkmale: Auch diese Art ist nicht zu verwechseln. Schon seine schönen, charakeristisch geformten Blätter (die am Waldboden besonders auffallen) sind ein gutes Erkennungsmerkmal. Die Blüten sind hingegen eher unscheinbar. **Standort:** Krautreiche Eichen- und Buchenwälder, Auwälder und Nadelmischwälder; vorwiegend auf kalkhaltigen Lehmböden. **Verbreitung:** Ganz Deutschland, bevorzugt aber im Süden und Westen, im Norddeutschen Tiefland selten; in den Alpen bis 1400 m, im Schwarzwald bis 1200 m.

Obwohl die kleinen, dichtgedrängten Blütendolden es nicht vermuten lassen, stellen sie doch eine zusammengesetzte Dolde mit kleinen, kugeligen Döldchen dar. Sie bestehen aus 1–3 zentralen Zwitterblüten und 10–20 männlichen, sich später entwickelnden Randblüten. Die Früchte tragen Haken und werden im Fell von Tieren verbreitet (Klettverbreitung). Die Blätter sind teilweise wintergrün. Früher galt die Pflanze als Allheilmittel (»sanus« = gesund), heute verwendet man sie nur noch als Teezusatz gegen Blähungen.

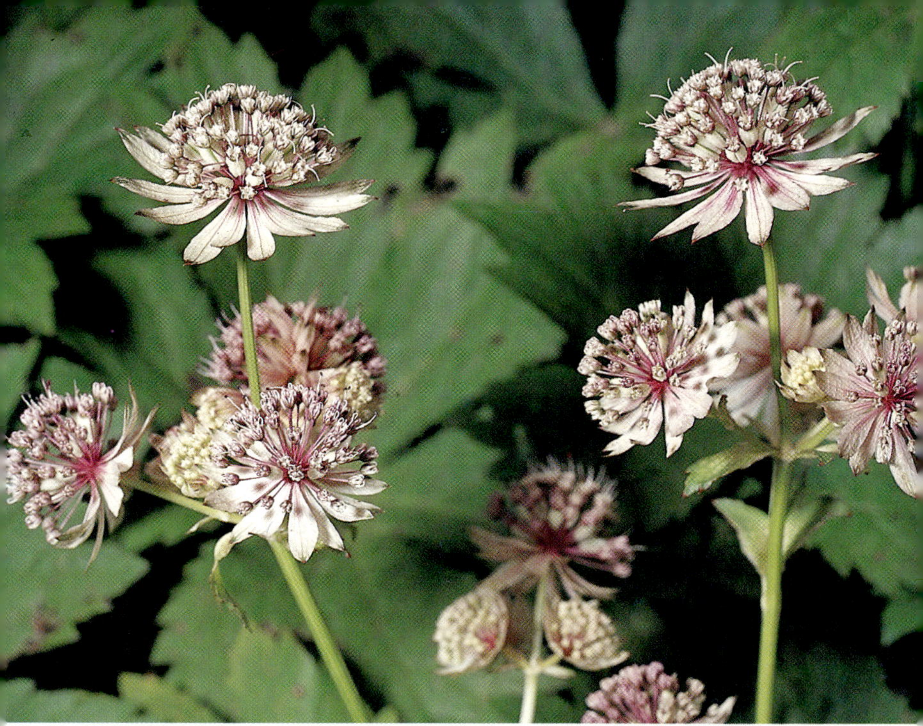
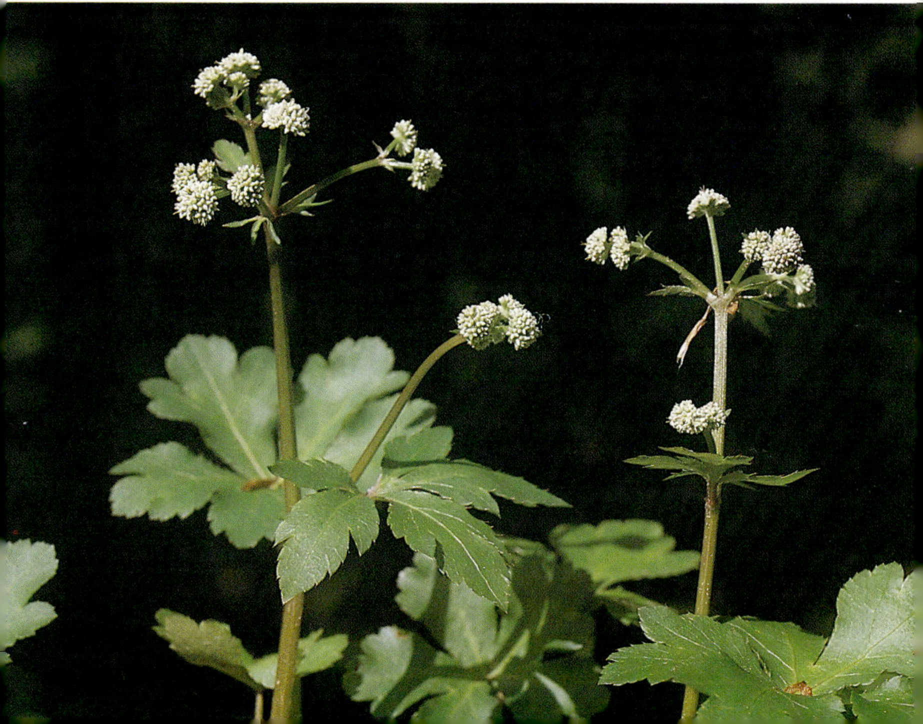

Wilde Möhre, Wilde Gelbe Rübe

30–100 cm, Juni–Sept.

Daucus carota   oben

Merkmale: Das auf Anhieb beste Erkennungszeichen der Wilden Möhre sind die vogelnestartigen Gebilde der noch nicht erblühten, der bereits fruchtenden und der nächtlichen Dolden. Hierzu tragen die ungewöhnlich großen und aufgespaltenen Hüllblätter bei. Eine weitere Besonderheit: In der Mitte der weißen oder gelblichen Dolde befinden sich oft 1–3 dunkelviolette Blütchen, die wie ein kleines Insekt wirken. Auch hier sind, wie bei vielen Doldenblütlern, die (sterilen) Randblüten eines Döldchens ganz anders geformt als die zentralen Blüten. **Standort:** Fettwiesen und Magerrasen, Schuttflächen, Wegränder, Dämme, Böschungen, Steinbrüche. **Verbreitung:** Ganz Deutschland, in den Alpen bis 1000 m.

Bis 80 cm tief wurzelnde, zweijährige Pionierpflanze. Die rübenartig verdickte Hauptwurzel weist den charakteristischen Geruch unserer Gartenmöhre auf, die aber wohl von einer ostasiatischen Wildform abstammt.

Wiesen-Kümmel

30–80 cm, Mai–Juli

Carum carvi   unten links

Merkmale: Der typische Kümmelgeruch ist wohl für diese Art das beste Kennzeichen. Auch die Form der fein gefiederten Blätter ist charakteristisch: im Umriß länglich-eiförmig. Am Blattgrund finden sich nebenblattartige Fiedern. Die Blüten können weiß oder rötlich sein. Eine Hülle (an der Basis der Gesamtdolde) fehlt, während ein Hüllchen vorhanden ist. **Standort:** Fettwiesen und Fettweiden in kühl-feuchter Klimalage, vor allem des Berglandes. **Verbreitung:** Ganz Deutschland, im Norddeutschen Tiefland flächenweise fehlend, in den Alpen bis 1860 m.

Zweijährige Halbrosettenpflanze mit kräftiger Wurzelrübe. Alte Nutz- und Heilpflanze; Früchte reich an ätherischen Ölen (Carvon); blähungtreibend, magenstärkend, krampflösend.

Pastinak

30–100 cm, Juli–Sept.

Pastinaca sativa   unten rechts

Merkmale: Die Zahl der gelbblühenden Doldenblütler ist nicht groß, und der Pastinak ist unter ihnen die bei weitem häufigste Art. Recht charakteristisch sind auch seine nur einfach gefiederten Blätter, deren Fiedern unsymmetrisch eingeschnitten sind. **Standort:** Wiesenränder, Böschungen, Unkrautfluren, Bahngelände, Steinbrüche. **Verbreitung:** Ganz Deutschland, im Norden etwas lückig, in den Alpen bis 630 m, im Jura bis 1000 m.

Zweijährige Halbrosettenpflanze mit fleischiger Wurzelrübe. Alte, bis ins 18. Jh. allgemein angebaute Kulturpflanze; auf Moorböden ertragreichste Hackfrucht. Die bis 1,5 kg schweren Rüben wurden als Viehfutter, Gemüse, Kaffee-Ersatz verwendet. Sie übertrifft Möhre und Steckrübe an Nährwert. Die würzigen jungen Blätter und Sprosse eignen sich als Mischgemüse.

Rauhhaariger oder Berg-Kälberkropf
Chaerophyllum hirsutum

50–100 cm, Mai–Juni
oben links

Merkmale: Da diese Art nicht nur rosa (wie auf dem Foto), sondern auch weiß blüht, gehört sie zum Heer der schwer bestimmbaren Doldengewächse, zu deren Unterscheidung besonders auch die Form der Früchte wichtig ist. Unter den 5–6 heimischen Kälberkropf-Arten ist der Hecken- oder Taumel-Kälberkropf *(Ch. temulum)* der mit der weitesten Verbreitung. Von ihm und den anderen Kälberkropf-Arten unterscheidet sich der Rauhhaarige Kälberkropf durch bewimperte Blütenblätter und Hüllchen. **Standort:** Bergwiesen, Auwälder, an Bächen und Ufern, in luftfeuchter Lage. **Verbreitung:** Überwiegend Süddeutschland, in den Alpen bis 1900 m.

Giersch, Geißfuß, Zipperleinskraut
Aegopodium podagraria

50–90 cm, Juni–Juli
oben rechts

Merkmale: Diese überall häufige Art dürfte wohl bekannt sein. Typisch sind die in 3 x 3 Blattfiedern unterteilten Blätter. Ihre weißlichen, unterirdischen Ausläufer sind jedem Gärtner bekannt. **Standort:** Auen- und Schluchtwälder, Waldränder, Ufer, Gärten, Friedhöfe usw. **Verbreitung:** Ganz Deutschland, in den Alpen bis 1360 m.
Junge Blätter vor der Blüte sind eine würzige Beigabe zu Gemüse und Salaten. Zerquetschte Blätter gegen Insektenstiche und Rheuma, Volksmittel gegen Gicht und Podagra (Name). Gutes Viehfutter.

Wiesen-Kerbel, Wilder Kerbel
Anthriscus sylvestris

60–150 cm, Mai–Aug.
unten links

Merkmale: Erkennungsmerkmale sind der gefurchte und unten teilweise rauhhaarige Stengel, die am Rand behaarten, ziemlich breiten, aber spitz zulaufenden Hüllchenblätter, die Form der filigran, 2–3fach fiederteiligen Blätter und ihre meist purpurn überhauchten, häutigen Blattscheiden. Die Blüten sind alle ziemlich gleich groß. Die Frucht ist etwa so lang wie ihr Stielchen. **Standort:** Fettwiesen, Hecken, Waldränder, gut gedüngte Bergwiesen, Obstwiesen. **Verbreitung:** Ganz Deutschland, in den Alpen bis 2300 m.
Frische, junge Blätter für Suppen geeignet. Kerbelwiesen = Jauchewiesen.

Wiesen-Bärenklau
Heracleum sphondylium

50–150 cm, Juni–Sept.
unten rechts

Merkmale: Die kräftigen, nur einfach gefiederten Blätter mit den ausgeprägten Blattscheiden und die (an geeignetem Standort) hohe Gestalt lassen eigentlich nur eine Verwechslung mit der Wald-Engelwurz *(Angelica sylvestris)* zu, die aber 2–3fach gefiederte Blätter und meist einen violett überlaufenen Stengel hat. Randblüten unsymmetrisch, strahlend. **Standort:** Fettwiesen, Ufer, Gräben, Auwälder und Waldsäume. **Verbreitung:** Ganz Deutschland, fehlt im Nordosten, in den Alpen bis in mittlere Lagen (Unterart bis 1700 m).

Hohe Schlüsselblume, Wald-Primel

10–30 cm, März–Mai

Primula elatior

oben

Merkmale: Von unseren 4 gelben Primel-Arten wächst die Aurikel *(P. auricula)* mit glatten, löffelförmigen Blättern nur in den Alpen und Voralpen, die Stengellose Schlüsselblume *(P. vulgaris)* kommt fast nur noch in Schleswig-Holstein und Mecklenburg vor. Von der folgenden Art unterscheidet sich die Hohe Schlüsselblume durch helleres Gelb der Blüten, durch eng anliegenden Kelch und frühere Blütezeit. **Standort:** Krautreiche Laubwälder, Bergwiesen; auf feuchten, basenreichen Böden. **Verbreitung:** Ganz Deutschland, im Norden und Westen etwas lückig und selten; in den Alpen bis 2200 m.
In Berglagen kann die Art im April aspektbildend sein.

Frühlings- oder Wiesen-Schlüsselblume

10–30 cm, April–Juni

Primula veris

unten links

Merkmale: Die kleineren, dottergelben Blüten, der bauchige Kelch, die spätere Blütezeit und der Standort unterscheiden diese Art von der vorigen. Im Schlund orangefarbene, duftende Saftmale. **Standort:** Kalk-Magerrasen, magere Wiesen, trocken-warme Böschungen, Waldränder, Eichenwälder. **Verbreitung:** Fehlt im Nordwesten weithin; Alpen bis 1700 m.
Es treten Blüten mit unterschiedlicher Griffellänge und Pollengröße auf, wodurch Fremdbestäubung gesichert wird. Rhizome und Wurzeln wurden wegen ihres Saponingehalts als Heilmittel bei Bronchitis verwendet.

Mehl-Primel

10–30 cm, Mai–Juli

Primula farinosa

RL 3, gesch.; unten rechts

Merkmale: Da die anderen rosa blühenden Primeln nur im Gebirge vorkommen, ist eine Verwechslung kaum möglich. Die Blätter sind unterseits weiß bestäubt und deutlich nervig. **Standort:** Quell-, Flach- und Wiesenmoore des Alpenvorlandes; meist auf kalkhaltigen Stein- oder Torfböden. **Verbreitung:** Alpen (bis 2300 m) und Alpenvorland, nördlichste Vorkommen am Main und in Nordosten Mecklenburgs.
Lichtpflanze. Die Samen werden durch den Wind verbreitet. Häufig zusammen mit Schwarzem Kopfriet *(Schoenus nigricans)*.

Gilbweiderich, Gelbweiderich
Lysimachia vulgaris

50–150 cm, Juni–Aug.
oben

Merkmale: Die stattlichen Hochstauden mit den gelben Blüten sind kaum zu verwechseln. Auf eine gewisse Ähnlichkeit mit Johanniskraut-Arten (vgl. S. 82/83) wurde bereits hingewiesen. Die Blätter stehen am Stengel entweder gegenständig oder zu 3–4 im Quirl. Der seltene Strauß-Gilbweiderich *(L. thyrsiflora)* hat sehr schmale Kronblätter, die von langen, gelben Staubblättern überragt werden. Die Blüten des manchmal verwilderten Garten-Gilbweiderichs *(L. punctata)* sitzen kurzgestielt in den Blattquirlen. **Standort:** Moorige Staudenfluren, an Gräben, in Erlenbruch- und Auwäldern, Weidengebüsch und Moorwiesen. **Verbreitung:** Ganz Deutschland, in den Alpen bis 1840 m.
Unterschiedliche Blüten: Lichtblüten dunkelgelb, an der Basis rot, mit langem Griffel; Schattenblüten heller, mit kleinem Griffel.

Pfennigkraut
Lysimachia nummularia

5–10 cm, Mai–Juli
unten links

Merkmale: Das kriechende, oft ganze Teppiche bildende Kraut mit den gelben Blüten ist nicht zu verwechseln. Namengebend sind seine rundlichen Blätter. **Standort:** Fettwiesen, Weiden, Gärten, Pioniergesellschaften an Ufern und Gräben, in Auwäldern; Lehmzeiger. **Verbreitung:** Ganz Deutschland, in den Alpen bis 1250 m.
Hauptsächlich vegetative Vermehrung durch bis 50 cm lange Ausläufer. Wird auch als Gartenpflanze und als untergetauchte Aquarienpflanze verwendet.

Acker-Gauchheil
Anagallis arvensis

5–10 cm, Juni–Okt.
unten rechts

Merkmale: Die teilweise ausgedehnten Teppiche mit den vielen kleinen ziegelroten Blüten sind unverwechselbar. Der seltene, auf wärmere Gegenden beschränkte Blaue Gilbweiderich *(A. foemina)* hat tief violettblaue Blüten. **Standort:** Äcker, Gärten, Weinberge, Schuttplätze, Mauerfüße, Weg- und Straßenränder. **Verbreitung:** Ganz Deutschland, im Nordwesten zerstreut, in den Alpen bis 800 m.
Einjährige Kriech- oder Halbrosettenpflanze. Giftig. Blüten nur bis etwa 14 Uhr geöffnet.

Frühlings-Enzian

Gentiana verna

5–10 cm, April–Mai (Aug.)
RL 3, gesch.; oben

Merkmale: Von den anderen kleinen himmelblauen Enzianen, die allesamt rein alpin sind *(G. bavarica, G. nivalis, G. orbicularis)*, unterscheidet sich unsere Art durch das besonders deutliche weiße »Auge« im Zentrum der Blüte, durch sehr kurzen Stengel und die zugespitzt-länglichen (nicht rundlichen) Grundblätter. **Standort:** Kalk-Magerrasen, Steinrasen. **Verbreitung:** Alpen und Alpenvorland bis Jura; überall durch Wiesendüngung zurückgehend. Lebt in Symbiose mit einem Wurzelpilz. Wird von Faltern (Taubenschwänzchen) bestäubt.

Lungen-Enzian

Gentiana pneumonanthe

15–50 cm, Juli–Sept.
RL 3, gesch.; unten links

Merkmale: Dieser hohe, im Spätsommer blühende Enzian kann verwechselt werden mit dem Schwalbenwurz-Enzian *(G. asclepiadea)* und dem Kreuz-Enzian *(G. cruciata)*. Im Gegensatz zu den beiden breitblättrigen Arten hat der Lungen-Enzian sehr schmale Blätter mit umgerolltem Rand. Auch Standort und Verbreitung unterscheiden ihn. **Standort:** Moorwiesen. **Verbreitung:** Unsere einzige auch im Norddeutschen Tiefland verbreitete Enzian-Art; in den Alpen nur bis 850 m. Überall durch Trockenlegung und Düngung zurückgehend. Lichtpflanze, die hauptsächlich von Hummeln bestäubt wird. Früher Heilpflanze.

Gefranster oder Fransen-Enzian

Gentianella ciliata

10–20 cm, Aug.–Okt.
RL 3, gesch.; unten rechts

Merkmale: Ähnliche, niedrige, herbstblühende Enzian-Arten sind der Rauhe Enzian *(G. aspera)* und der Deutsche Enzian *(G. germanica,* s. folgende Doppelseite), die aber beide rötlich-violette Blüten haben. Charakteristisch sind für den Fransen-Enzian die vierzähligen Blüten und die langen Fransen am Rand der Kronblätter. **Standort:** Kalk-Magerrasen, subalpine Steinrasen, Raine, Waldränder; auf kalkreichen Böden. **Verbreitung:** Von den Alpen (bis 2250 m) bis zur Mittelgebirgsschwelle. Kriechender Flachwurzler, lichtblütig, vor allem Hummelbestäubung.

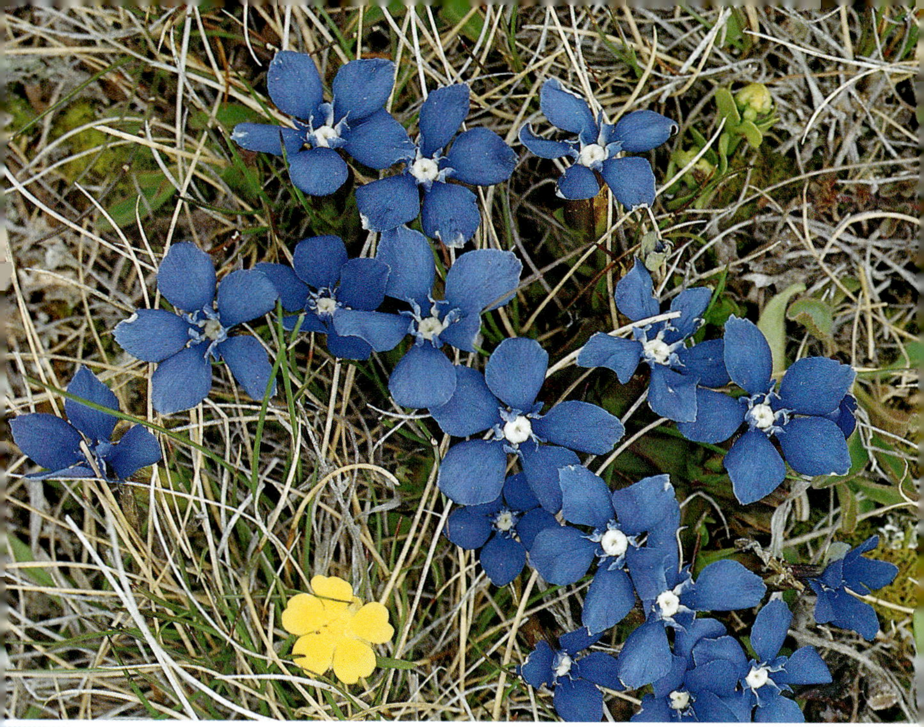
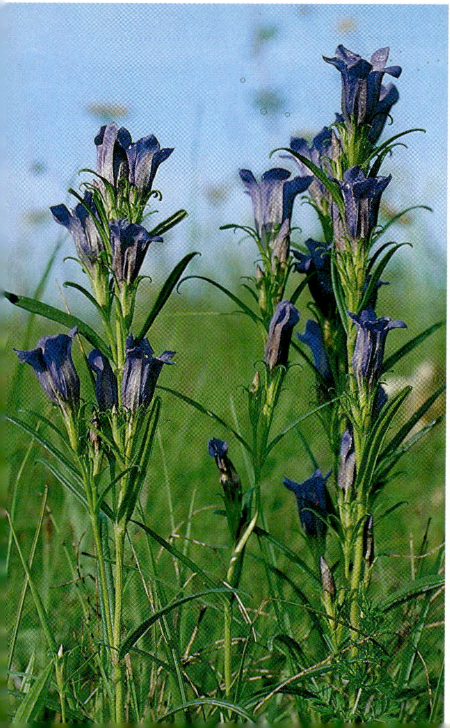
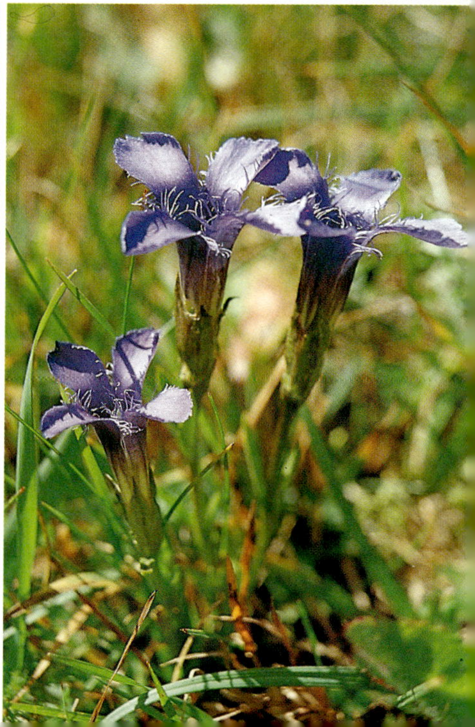

Deutscher Enzian

Gentianella germanica

5–40 cm, Juni–Okt.
RL 3, gesch.; oben links

Merkmale: Wenn er so hoch und strauchartig wächst, wie auf unserem Foto, ist er kaum zu verwechseln. Oft bleibt er aber niedrig und kann dann besonders mit dem Rauhen Enzian *(G. aspera)* leicht verwechselt werden. Die Unterschiede (in Klammern Rauher Enzian): Kelchzähne fast fädig (breit, spitz zulaufend), Kelchzahnränder rauh, aber kahl (kurz bewimpert), mittlere Stengelblätter meist spitz (stumpf), Stengel meist nur oben ästig (von Grund an ästig). **Standort:** Kalk-Magerrasen; auf wechseltrockenen, kalkreichen Böden. **Verbreitung:** Kalkgebiete von den Alpen (bis 1550 m) bis zur Mittelgebirgsschwelle.
Eine formenreiche Art mit mehreren Unterarten im Gebiet.

Echtes Tausendgüldenkraut

Centaurium erythraea

10–50 cm, Juli–Sept.
gesch.; oben rechts

Merkmale: Eine Verwechslung mit 2 sehr kleinen Tausendgüldenkraut-Arten *(C. capitatum* und *C. pulchellum)* ist nur möglich bei Zwergwuchs an ungünstigen Standorten. Nur das an der Küste vorkommende Strand-Tausendgüldenkraut *(C. littorale)* wird ebenfalls bis 25 cm hoch. Unterschiede (in Klammern Strand-Tausendgüldenkraut): Stengelblätter eiförmig-lanzettlich, meist 5nervig (lineal, 3nervig), Blütenstand dicht (locker). **Standort:** Sonnige Waldschläge, grasige Waldverlichtungen, Halbtrockenrasen; auf sommerwarmen Lehmböden. **Verbreitung:** Ganz Deutschland, Alpen bis 1200 m.
1–2jährige Halbrosettenpflanze. Blüten nur bei Sonne geöffnet. Alte, geschätzte Arzneipflanze (Name) bei Magen-, Leber- und Gallenleiden. Enthält wie alle Enziangewächse Bitterstoffe.

Fieberklee, Bitterklee

Menyanthes trifoliata

15–30 cm, Mai–Juni
RL 3, gesch.; unten

Merkmale: Durch Blattform, Blütengestalt und Standort unverkennbar. **Standort:** Flach- und Quellmoore, Moorschlenken und Verlandungssümpfe (Schwingrasen); auf nassen, zeitweise überschwemmten Torfschlammböden. **Verbreitung:** Ganz Deutschland, aber stellenweise ausgerottet, Alpen bis 1800 m.
Der Name »-klee« bezieht sich auf die dreiteiligen Blätter. Stengel und Blattstiele sind in Anpassung an den sumpfigen Standort hohl, was der Durchlüftung des Gewebes und der Wurzeln dient. Kronblätter mit Fransen, die kleine Insekten abwehren und den Schaueffekt erhöhen. Die Blüten reagieren auf Berührungs- und Temperaturreize. Die Blätter werden arzneilich als appetitanregendes Bittermittel verwendet, auch bei Gallen- und Leberleiden. Eine fiebersenkende Wirkung konnte nicht nachgewiesen werden. In Lappland werden die gemahlenen Rhizome dem Brot zugesetzt.

Weiße Schwalbenwurz, Schwalbwurz

Vincetoxicum hirundinaria

30–100 cm, Mai–Aug.

oben

Merkmale: Die stattliche Höhe, die einfachen, gegenständigen Blätter und die wenig auffallenden weißlichen Blüten machen diese Art unverwechselbar. **Standort:** An sonnigen Hecken, in lichten Eichen- und Kiefernwäldern, in Steinschuttfluren; auf sommerwarmen, meist kalkhaltigen Böden. **Verbreitung:** Kalkgebiete von den Alpen (dort bis 1700 m) bis zur Mittelgebirgsschwelle.

Einziger heimischer Vertreter einer artenreichen, tropischen Familie (auch Seidenpflanzengewächse genannt). Besonders die unterirdischen Pflanzenteile enthalten das giftige Vincetoxin; bei hoher Dosis Tod durch Atemlähmung. Der Pollen wird als Paket übertragen, wenn das Insekt in eine entsprechende »Klemmfalle« tritt. Die Blüten riechen unangenhem und werden hauptsächlich von Fliegen besucht.

Kleines Immergrün

Vinca minor

15–20 cm, April–Mai

unten

Merkmale: Kriechender Halbstrauch mit immergrünen Lederblättern. Die auch in Gärten oft als Bodendecker angesiedelte Art kann nur mit dem Großen Immergrün *(V. major)*, einer ausschließlich in Gärten zu findenden, südeuropäischen Art verwechselt werden. **Standort:** Artenreiche Laub- und Buchenmischwälder in mild-feuchte Klimalage. **Verbreitung:** Ganz Deutschland, im Nordwesten lückenhaft, mancherorts verwildert; im Gebirge bis 900 m.

Einziger mitteleuropäischer Vertreter einer überwiegend tropischen Familie, zu der auch der Oleander *(Nerium oleander)* gehört. Die Pflanze enthält ein stark blutdrucksenkendes und herzschwächendes, in höherer Dosis tödliches Gift. Überwiegend vegetative Vermehrung durch bis 2 m lange Ausläufer.

Echtes Labkraut

30–60 cm, Juni–Sept.

Galium verum

oben links

Merkmale: Die Labkräuter sind an ihren im Quirl stehenden, meist schmalen Blättern und an ihren schwachen, meist niederliegenden oder klimmenden Stengeln zu erkennen. (Ähnlich sind Arten der Gattungen *Sherardia* und *Asperula*.) Das Echte Labkraut unterscheidet sich von den meisten der rund 25 heimischen Arten und vor allem vom recht ähnlichen, aber weiß blühenden Wiesen-Labkraut *(G. mollugo)* durch das kräftige Gelb seiner kleinen, duftenden Blüten. **Standort:** Kalk-Magerrasen, Böschungen, Wegraine, Gebüschsäume, auch Sandflächen und Moorwiesen. **Verbreitung:** Ganz Deutschland, im Norden zerstreut; in den Alpen bis 1150 m.
Die Pflanze enthält 1% Labenzym, das für die Milchgerinnung bei der Käseherstellung wichtig ist. Blätter in einem Quirl aus 2 gegenständigen (Haupt-) Blättern und je 2 laubblattartig entwickelten Nebenblättern gebildet.

Waldmeister

15–30 cm, Mai–Juni

Galium odoratum

oben rechts

Merkmale: Die wichtigsten Kennzeichen sind auf dem Foto gut erkennbar. Die Blätter sind am Rande rauh, die Blüten duften süß, der Stengel ist verhältnismäßig kräftig und aufrecht. **Standort:** Krautreiche Buchen- und Laubmischwälder. **Verbreitung:** Ganz Deutschland, im Norden und Osten etwas lückig; in den Alpen bis 1400 m.
Schwach giftig, da beim Welken Cumarin frei wird, von dem das bekannte Waldmeister-Aroma stammt. Nach Genuß von Waldmeister-Bowle kann es zu leichten Kopfschmerzen kommen. Cumarin in hohen Dosen wird als Wühlmausgift verwendet.

Kletten-Labkraut, Klebkraut

60–200 cm, Juni–Okt.

Galium aparine

unten links

Merkmale: Rückwärts gerichtete steife Haare am Stengel ermöglichen es dieser Art, bis 2 m hoch an anderen Pflanzen emporzuklimmen. **Standort:** Staudenreiche Unkrautfluren, Heckensäume, Ufer, Schuttstellen, Äcker und Gärten. **Verbreitung:** Ganz Deutschland; in den Alpen bis 1000 m.
Kulturbegleiter seit der Steinzeit. Durch Herbizide oft stark gefördert.

Gewöhnliches Kreuz-Labkraut

15–50 cm, April–Juni

Cruciata laevipes

unten rechts

Merkmale: 4 im Kreuz stehende, relativ breite Blätter. Auch die gelblichen, quirlig stehenden Blüten haben die Form eines Kreuzes. **Standort:** An Hecken, Zäunen und Gräben, in lichten Auwäldern; auf frischen, oft kalkarmen Lehmböden. **Verbreitung:** Ganz Deutschland, im Norddeutschen Tiefland (außer Elbe) fehlend; in den Alpen bis 1560 m.
Wurzelkriecher, etwas wärmeliebend.

Zaun-Winde

Calystegia sepium

100–300 cm, Juni–Sept.

oben

Merkmale: Die Blütenfarbe allein ist noch kein sicheres Unterscheidungs-
mal, denn auch die folgende Art blüht oft reinweiß und klettert an Zäunen.
Typisch für die Zaun-Winde (und die ihr nah verwandte, hellrosa blühende
Pracht-Winde, *C. silvatica*) sind zwei große, kelchblattartige Hochblätter, die
den eigentlichen Kelch fast verhüllen. Auch die Form der Blätter ist verschieden: Sie lappen bei der Zaun-Winde weit über den Stielansatz hinaus.
Standort: Staudenreiche Unkrautfluren, an Ufern, im Saum von Auwäldern,
im Schilf, an Zäunen und Wegrändern. **Verbreitung:** Ganz Deutschland, in
den Alpen bis 750 m.
Die Blätter wenden sich dem Licht zu. Die bis zu 7 cm langen Blüten gehören
zu den größten unserer Flora. Hauptbestäuber ist der Windenschwärmer mit
seinem 8 cm langen Rüssel.

Acker-Winde

Convolvulus arvensis

20–80 cm, Juni–Sept.

unten

Merkmale: Die Unterschiede zu voriger Art wurden schon genannt. Von der
ähnlichen Strand-Winde *(C. soldanella)* unterscheidet sich die Acker-Winde
vor allem durch die Blätter: Sie sind bei der Acker-Winde pfeilförmig, bei der
Strand-Winde nierenförmig und fleischig. Beide kriechen sehr oft nur auf
dem Boden hin, können sich aber auch an Pflanzen (z.B. Mais) emporwin-
den. **Standort:** Äcker, Gärten, Weinberge, Wege, Schuttplätze. **Verbreitung:**
Ganz Deutschland, in den Alpen bis 900 m.
Typische Pflanze trockener Standorte mit reichem, bis 2 m tief reichendem
Wurzelwerk. Abgetrennte Wurzelstücke wachsen zu neuer Pflanze heran
(Wurzel-Unkraut). Blüten nur einen Tag geöffnet, bei kühlem Wetter ge-
schlossen. Früher als Abführmittel verwendet.

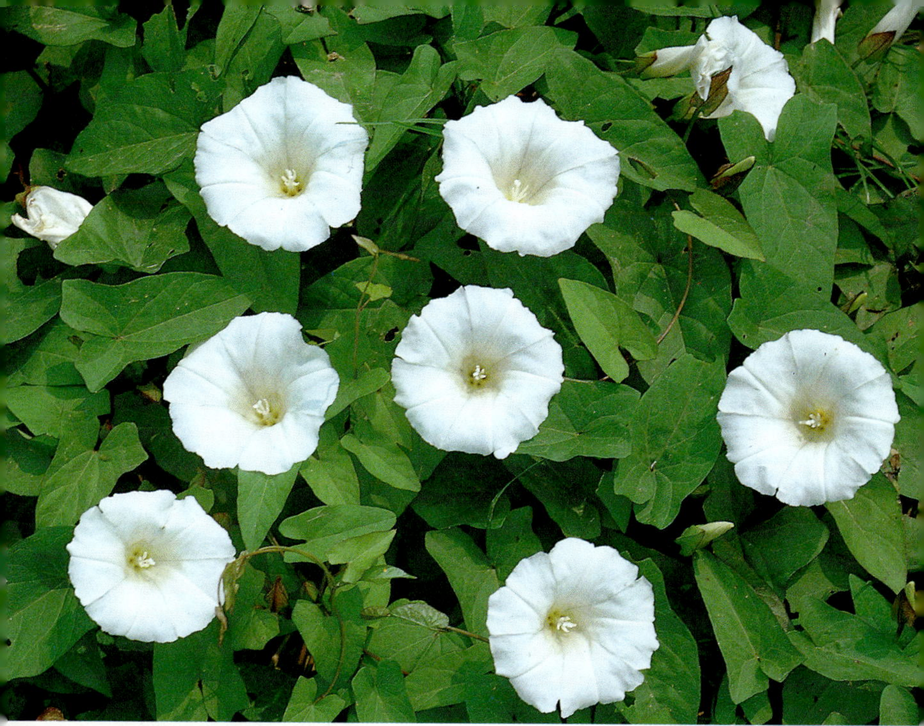

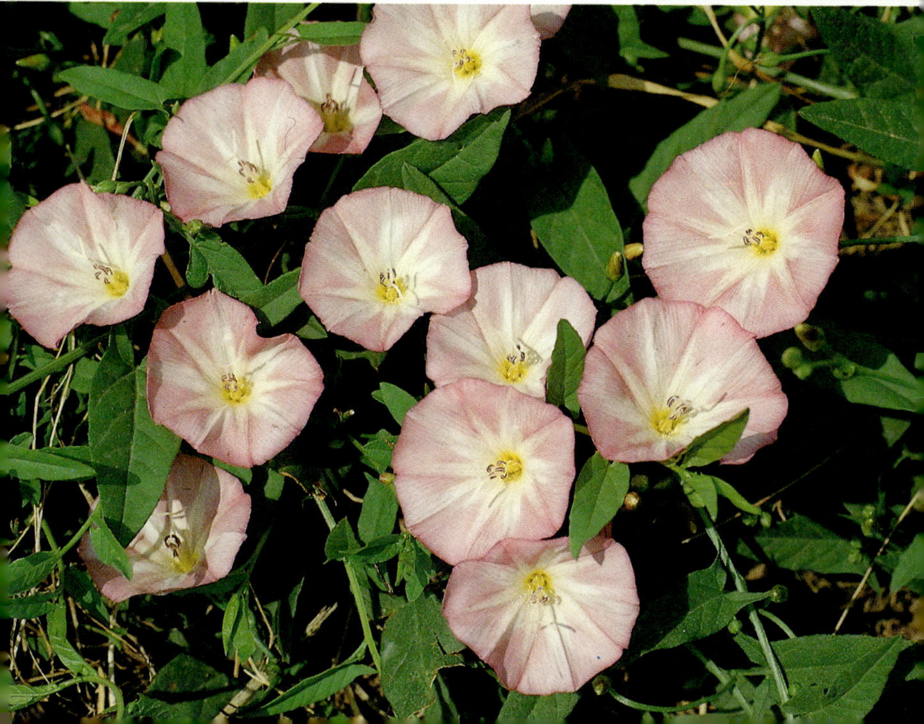

Natter(n)kopf, Stolzer Heinrich
Echium vulgare

25–100 cm, Mai–Juli
oben links

Merkmale: Eine auffallende Gestalt mit zunächst rosa, dann leuchtend blauen Blüten. Stengel und Blätter (wie bei den meisten Arten dieser Familie) rauhhaarig. **Standort:** Sonnige Unkrautfluren an Wegen und Bahnanlagen, auf Dämmen; auf sommerwarmen, steinig-sandigen Lehmböden. **Verbreitung:** Ganz Deutschland, im Nordwesten lückig; in den Alpen bis 850 m.
Zweijährige, bis 250 cm tief wurzelnde Pflanze. Der Name bezieht sich auf die Gestalt der seitlichen Blütenwickel.

Echtes oder Geflecktes Lungenkraut
Pulmonaria officinalis

10–30 cm, März–Mai
oben rechts

Merkmale: Mit seinen rosa (jungen) und violetten (älteren) Blüten wohl allgemein bekannt. Schwierig ist eine Unterscheidung von den 5 weiteren Arten der Gattung, die aber alle selten und nur regional vorkommen. Die helle Fleckung der Blätter kann fehlen. **Standort:** Krautreiche Laubmischwälder; auf frischen, kalkhaltigen Böden. **Verbreitung:** Ganz Deutschland, im Nordwesten lückig; in den Alpen bis 1230 m.
Nektar wegen der langen Kronröhre nur Hummeln und Faltern zugänglich. Junge Rosettenblätter für Mischsalate und -gemüse verwendbar. Namen wegen der lungenähnliche Fleckung der Blätter (darum auch Lungenheilmittel).

Acker-Vergißmeinnicht
Myosotis arvensis

10–40 cm, April–Sept.
unten links

Merkmale: Die Gattung kann als allgemein bekannt gelten. Die etwa 28 verschiedenen heimischen Arten zu unterscheiden, ist Sache von Fachleuten. Da die meisten Arten aber selten sind, kann eine Verwechslung meist nur mit dem Sumpf-Vergißmeinnicht *(M. palustris)* vorkommen. Standort und starke Behaarung des Stengels weisen auf das Acker-Vergißmeinnicht hin. **Standort:** Äcker, Getreidefelder, Waldschläge und Schuttplätze. **Verbreitung:** Ganz Deutschland; in den Alpen bis 1000 m.
1–2jährige Halbrosettenpflanze.

Echter oder Gewöhnlicher Beinwell
Symphytum officinale

30–100 cm, Mai–Juli
unten rechts

Merkmale: Die massigen, stachelig-rauhen Büsche des Beinwells sind kaum zu übersehen und zu verkennen. Er blüht weiß, rötlich und violett. Ähnlich ist der gelegentlich verwilderte, noch größere Rauhe Beinwell oder Comfrey *(S. asperum)*. **Standort:** Naßwiesen, Ufer, Auen- und Bruchwälder. **Verbreitung:** Ganz Deutschland, im Norden lückig; in den Alpen bis 1000 m.
Die rübenförmigen Rhizome enthalten Inulin und wurden zerquetscht bei schlecht heilenden Wunden und Knochenbrüchen verwendet. Junge Sprosse als Gemüse und Salat geeignet.

Kriechender Günsel

Ajuga reptans

7–30 cm, Mai–Aug.
oben

Merkmale: Die leuchtend blauen »Kerzen« dieser häufigen Wiesen- und Hausrasen-Pflanze sind bekannt und allenfalls mit dem Genfer Günsel *(A. genevensis)* zu verwechseln. Unterschiede (Genfer Günsel in Klammern): Meist mit oberirdischen Ausläufern (ohne Ausläufer), Grundblätter bleibend (hinfällig), Pflanze fast kahl (zottig behaart). **Standort:** Wiesen und artenreiche Wälder, oft in Gärten; auf frisch-nährstoffreichen Böden. (Der Genfer Günsel wächst auf Kalk-Magerrasen und Böschungen – also mehr an trocken-mageren Standorten.) **Verbreitung:** Ganz Deutschland, in den Alpen bis 1700 m (hier auf Silikat mit Pyramiden-Günsel, *A. pyramidalis*, verwechselbar). Genfer Günsel hauptsächlich in Süddeutschland.
Wintergrüne Halbrosettenpflanze. Oberlippe reduziert, Unterlippe mit schönen Saftstrichmalen.

Kleine oder Gewöhnliche Br(a)unelle

Prunella vulgaris

5–25 cm, Juni–Sept.
unten links

Merkmale: Niedriges, etwas unscheinbares Pflänzchen, das aber oft Teppiche bildet und in vielen Hausrasen vorkommt. Ähnlich ist die Große Braunelle *(P. grandiflora)*; Unterschiede (Große Braunelle in Klammern): Blüten 7–15 mm lang, Blütenröhre gerade (20–25 mm, gekrümmt), obere Stengelblätter direkt unter dem Blütenkopf (abgerückt). **Standort:** Fettwiesen und Parkrasen, Ufer und Waldwege; auf frisch-nährstoffreichen Böden. **Verbreitung:** Ganz Deutschland, in den Alpen bis 2200 m. Standort und Verbreitung der Großen Braunelle wie Genfer Günsel (s. oben).
Die Samen werden durch Regentropfen aus den Kelchhüllen geschleudert. Junge Triebe für Kräutersuppen und Salate geeignet.

Gundelrebe, Gundermann

Glechoma hederacea

10–40 cm, April–Juni
unten rechts

Merkmale: Die Blüten sind oft auch etwas blauer als auf unserem Foto. Die kriechenden Stengel richten sich nur wenige Zentimeter auf, können aber an senkrechten Gegenständen bis 40 cm hoch wachsen. **Standort:** Wiesen und Weiden, Auwälder, Ufer, Wald- und Heckenränder, Gärten. **Verbreitung:** Ganz Deutschland, in den Alpen bis 1400 m.
Wintergrüne Pflanze mit Ausläufern. Die Halbquirle der Blüten wenden sich dem Licht zu. Junge Blätter und Triebe wegen des würzigen Geschmacks als Beimischung zu Gemüsen, Salaten oder Quark geeignet. Früher gegen schlecht heilende Wunden und bei Verdauungsstörungen verwendet. Schöner Bodendecker für den Wildgarten.
Die drei auf dieser Seite versammelten Arten haben große Ähnlichkeit in ihren Ansprüchen und kommen daher oft gemeinsam vor.

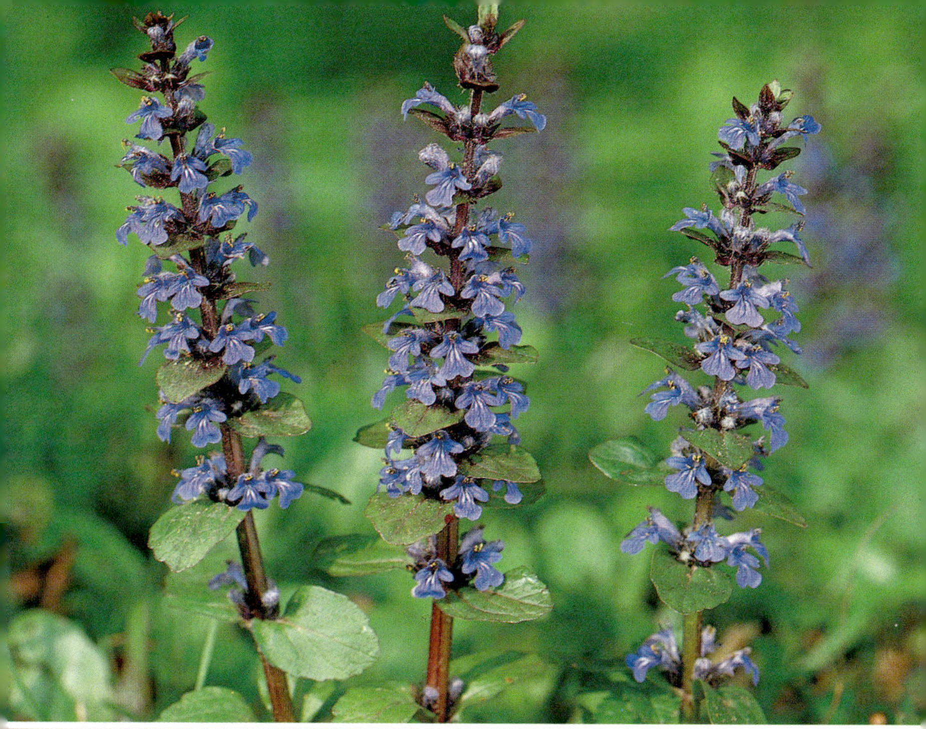
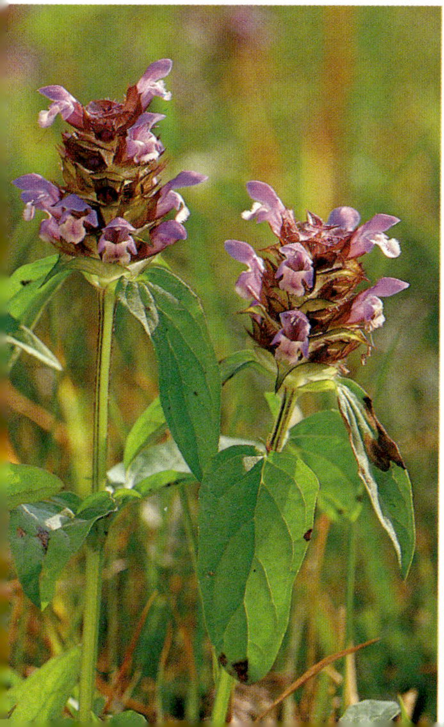
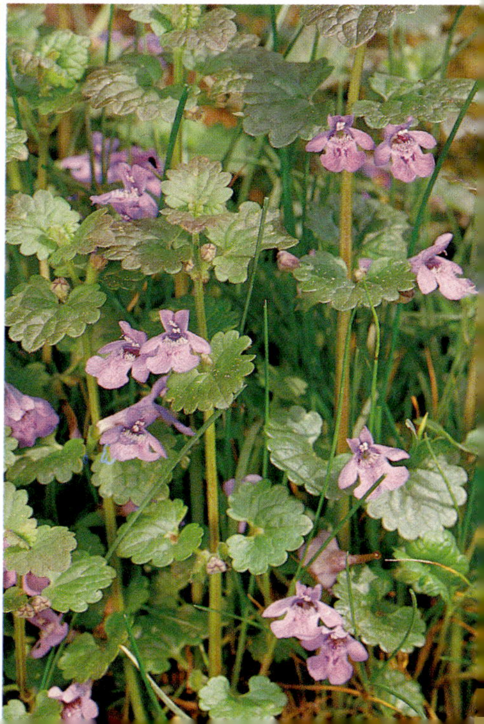

Stechender Hohlzahn

10–70cm, Juni–Okt.

Galeopsis tetrahit

oben links und rechts

Merkmale: Von den 7 heimischen Hohlzahn-Arten sind 4 an den Stengelknoten deutlich verdickt und abstehend borstig behaart; davon sind 2 hier abgebildet. Die Blüten des Stechenden Hohlzahns sind weiß (oben links) oder rot (oben rechts), der quadratische Mittellappen der Unterlippe ist oft gefleckt. Die Blätter sind schmal und unterseits kahl. **Standort:** Auf Äckern, an Wegen und Zäunen, auf Schuttplätzen, in Waldschlägen. **Verbreitung:** Ganz Deutschland, in den Alpen bis 1560 m.

Einjährige, frostempfindliche Pflanze. Die Art ging als Kreuzung aus dem rotblühenden Weichhaarigen Hohlzahn *(G. pubescens)* und dem Bunten Hohlzahn (s. unten) hervor. Dornige Kelchzähne dienen der Samenverbreitung. Zwei hohle Höcker auf der Unterlippe gaben der Gattung den Namen.

Bunter Hohlzahn

50–100cm, Juni–Okt.

Galeopsis speciosa

unten

Merkmale: Die ungewöhnliche Zweifarbigkeit der Blüten dieser Art machen sie auffallend und unverwechselbar. Der Stengel ist unter den Knoten steif behaart. **Standort:** In Unkrautfluren, in Äckern, an Wegen und Ufern, Verlichtungen artenreicher Wälder. **Verbreitung:** In Bayern (Alpen bis 1740 m) sowie in Norddeutschland, dazwischen weithin fehlend oder ausgerottet. Die Art erreicht in Mitteleuropa die Westgrenze ihrer Verbreitung.

Das goldgelbe Saftmal der Unterlippe duftet andersartig als die übrige, blaßgelbe Krone.

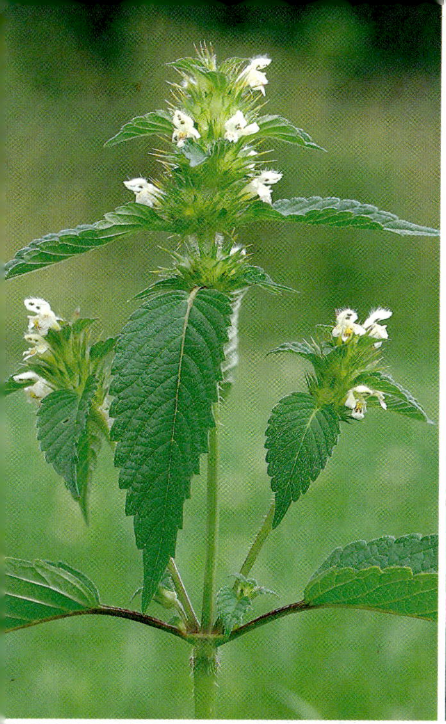
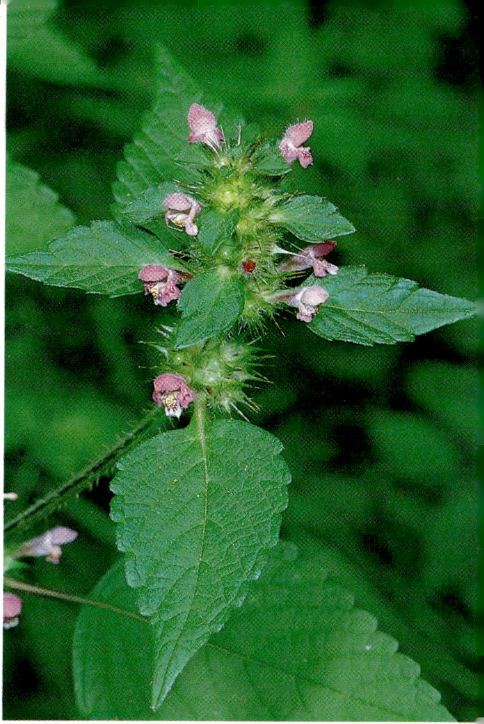
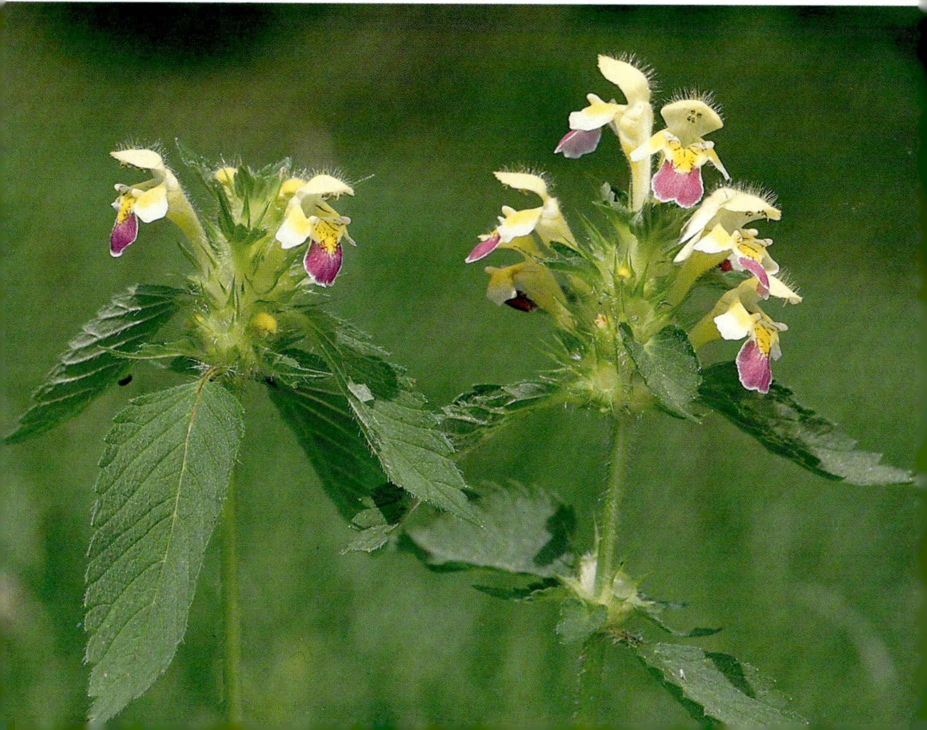

Weiße Taubnessel

20–50 cm, April–Okt.

Lamium album

oben links

Merkmale: Als einzige weißblühende Taubnessel besteht keine Verwechslungsmöglichkeit. (Allerdings blühen die roten Taubnesseln auch gelegentlich weiß.) **Standort:** An Wegen, Zäunen, Mauern, Gräben; auf frischen, nährstoffreichen Böden. **Verbreitung:** Ganz Deutschland, in den Alpen bis 1600 m.

Kriechpionier und Stickstoffzeiger. Wie auch die folgende Art, zeichnet sich die Weiße Taubnessel durch ungewöhnlich lange Blütezeit aus, die sich in milden Wintern auch auf das ganze Jahr erstrecken kann. Junge Sprosse und Blätter aller Taubnesseln sind eine sehr gehaltvolle Gemüse- und Salatbeimischung.

Rote oder Purpurrote Taubnessel

10–45 cm, März–Okt.

Lamium purpureum

oben rechts

Merkmale: Neben dieser Art gibt es 4 weitere purpurrot blühende Taubnesseln, darunter die beiden weitverbreiteten Arten Gefleckte Taubnessel *(L. maculatum)* und Stengelumfassende Taubnessel *(L. amplexicaule).* Charakteristisch für unsere Art ist die Form der oberen Stengelblätter (s. Foto), die oft purpurn überhaucht sind, die gerade Blütenröhre und die kleine Lippe. **Standort:** Lückige Unkrautgesellschaften der Äcker, Gärten und Weinberge, Schuttplätze und Wege. **Verbreitung:** Ganz Deutschland, in den Alpen bis 1500 m.

Einjährige, schnellwüchsige Sommerpflanze.

Goldnessel

15–80 cm, Mai–Juli

Lamium (Lamiastrum) galeobdolon

unten

Merkmale: Das kräftige Gelb der Blüten unterscheidet diese Art von allen anderen Taubnesseln. (Die Blaßgelbe Goldnessel, *L. flavidum,* die in den östlichen Alpen bis 1700 m und Voralpen wächst, wird nur als Unterart angesehen, ebenso die Berg- Goldnessel, *L. montanum,* die in den Alpen bis fast 2000 m geht.) Charakteristisch sind lange, oberirdische Ausläufer. Oft hell gefleckte Blätter. **Standort:** Krautreiche Laub- und Nadelmischwälder, Auwälder und Hochstauden-Gebüsche; auf frischen, nährstoffreichen Böden. **Verbreitung:** Ganz Deutschland.

Oft wintergrüne Kriechstaude und Schattenpflanze, die erst im 2. oder 3. Jahr blüht. Für Wildgärten geeignet.

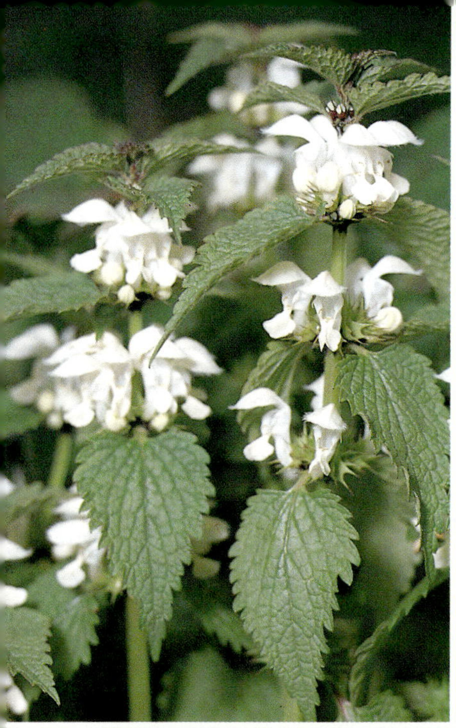
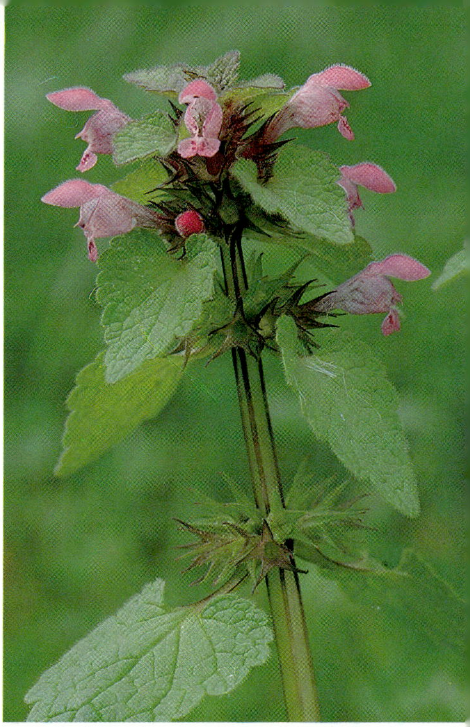
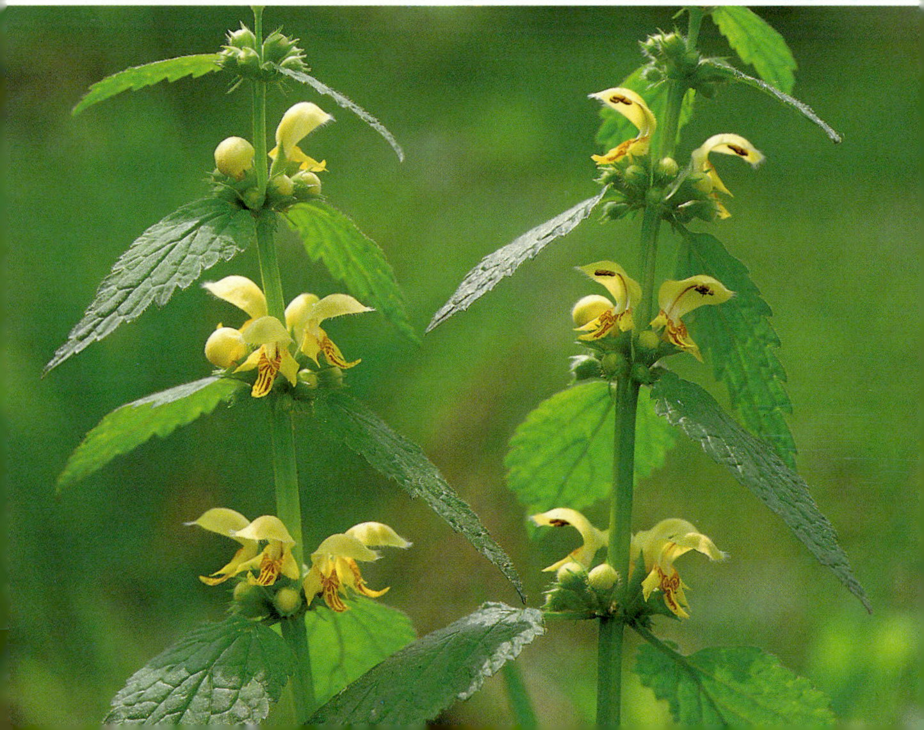

Wald-Ziest

30–100 cm, Juni–Sept.

Stachys sylvatica

oben links

Merkmale: Es gibt 10 heimische Ziest-Arten von recht unterschiedlichem Habitus. Der Wald-Ziest erinnert eher an Salbei-Arten (vgl. folgende Doppelseite), besitzt aber eine dominierende Unterlippe. In der Blütenfarbe ähnlich sind ihm Sumpf-Ziest *(S. palustris)* und Alpen-Ziest *(S. alpina)*. **Standort:** Auwälder oder feuchte Laubmischwälder. **Verbreitung:** Ganz Deutschland, in den Alpen bis 1650 m.
Nährstoff- und Feuchtezeiger, Mullboden-Kriecher, Schattenpflanze, Dunkelkeimer.

Wirbeldost, Borstige Bergminze

30–60 cm, Juli–Sept.

Clinopodium vulgare (Calamintha clinopodium)

oben rechts

Merkmale: Die quirlförmig angeordneten Blüten erinnern an Minze-Arten (*Mentha*, vgl. S. 122/123), die sich aber schon durch ihren Geruch deutlich unterscheiden. Auch blühen beim Wirbeldost nie so viele Blüten gleichzeitig. Stengel und Blätter sind zottig behaart, die Kelchzähne stechend begrannt. **Standort:** Im Saum sonniger Gebüsche und Wälder, in lichten Eichen- und Kiefernwäldern, an Weg- und Heckenrändern. **Verbreitung:** Im westlichen Norddeutschen Tiefland fehlend, in den Alpen bis 1800 m.
Bildet unterirdische Ausläufer. Verwandt mit dem Bohnenkraut *(Satureja hortensis)*.

Gewöhnlicher Dost, Wilder Majoran

20–60 cm, Juli–Sept.

Origanum vulgare

unten

Merkmale: Auch diese Art hat Ähnlichkeit mit Minzen und wirkt im Blütenstand wie ein kleiner Wasserdost (*Eupatorium cannabinum*, S. 142/143), mit dem ihn keinerlei Verwandtschaft verbindet. Sehr charakteristisch sind die kleinen, eiförmigen, drüsig punktierten Blätter und der Majoranduft. **Standort:** Im Saum sonniger Büsche, an Wald- und Heckenrändern, in lichten Eichen- und Kiefernwäldern, an Wegen und Böschungen, in Magerrasen. **Verbreitung:** Im (westlichen) Norddeutschen Tiefland weithin fehlend, in den Alpen bis 1800 m.
Die Blüten sondern einen sehr zuckerreichen Nektar ab, der durch Haare (»Saftdeckel«) gegen Kleininsekten geschützt ist. Stärkster Blütenbesuch um Mittag. Kraut der blühenden Pflanze als »Pizzagewürz« (Oregano) beliebt. Auch Heilpflanze und Badezusatz.

Wiesen-Salbei

Salvia pratensis

30–60 cm, Mai–Aug.
oben

Merkmale: In Mitteleuropa gibt es 4 heimische Salbei-Arten. (3 weitere werden als Gewürz- und Heilpflanzen kultiviert und verwildern gelegentlich.) Von den heimischen blühen 3 blau oder violett. Der Wiesen-Salbei ist davon die bei weitem häufigste Art. Deutlich unterscheidbar ist der Quirl-Salbei *(S. verticillata)*, dessen Blüten in quirlförmigen Etagen angeordnet sind. Vom Hain- oder Steppen-Salbei *(S. nemorosa)* unterscheidet sich der Wiesen-Salbei wie folgt (Hain-Salbei in Klammern): Pflanze mit deutlicher Grundblattrosette (ohne), Blätter unregelmäßig gezähnt und wie Stengel kurzborstig (feingezähnt und graufilzig), Blüten 20–25 mm lang (10–15 mm). Der Hain-Salbei ist selten und unbeständig. **Standort:** Kalk-Magerrasen, Halbtrockenrasen, an Wegen und Böschungen. **Verbreitung:** Kalkgebiete in ganz Deutschland, fehlt im Norden.

Bis 1 m lange Pfahlwurzel. Blüten mit Hebelmechanismus: Druck auf die Unterlippe kippt die 2 Staubblätter aus dem Helm abwärts, und genügend schwere Insekten (Hummeln) bekommen den Pollen auf den Rücken.

Klebriger Salbei

Salvia glutinosa

40–80 cm, Juli–Okt.
unten links

Merkmale: Unverkennbar (vgl. vorige Art). **Standort:** Krautreiche Berg- und Auwälder, schattige Böschungen und Waldränder. **Verbreitung:** Alpen (bis 1430 m) und Alpenvorland, fehlt nördlich der Donau fast ganz.

Der Stengel ist drüsig-klebrig, was möglicherweise Bodeninsekten vom Besuch der Blüten abhalten soll. Die Blätter können in Teig gebacken werden.

Feld- oder Gewöhnlicher Thymian

Thymus pulegioides

5–20 cm, Juni–Okt.
unten rechts

Merkmale: Neben dieser häufigsten und verbreitetsten Art gibt es in Mitteleuropa eine Reihe weiterer, schwer zu unterscheidender Arten und Unterarten, die wegen ihrer Seltenheit hier vernachlässigt werden können. Eine gwisse Ähnlichkeit besteht mit dem ebenfalls kriechenden Feld-Steinquendel *(Acinos arvensis)* und dem Alpen-Steinquendel *(A. alpinus)*. Der typische Thymianeruch ist ein gutes Merkmal. **Standort:** Magerrasen, Böschungen, Kiesgruben, am Fels und auf Ameisenhaufen. **Verbreitung:** Ganz Deutschland, in den Alpen bis 2300 m.

Kriechender Halbstrauch mit immergrünen Lederblättchen; bis 1 m tief wurzelnd. Neben Zwitterblüten auch weibliche Blüten und Pflanzen. Reichlich würziger Nektar, stark duftende Blüten. Vegetative Vermehrung durch bis zu 30 cm lange Ausläufer. Der Echte Thymian *(T. vulgaris)* stammt aus dem Mittelmeergebiet, wird bei uns zuweilen angepflanzt, verwildert aber nur selten. Appetitanregendes Gewürz. Als Heilpflanze auswurffördernd, krampflösend, desinfizierend (Hustenmittel).

Acker-Minze

Mentha arvensis

15–45 cm, Juni–Okt.

oben links

Merkmale: Es gibt 5 heimische Minzen (ohne Unterarten), dazu einige Bastarde und verwilderte Zuchtformen. Die Acker-Minze ist gekennzeichnet durch den mit einem Blattschopf endenden Stengel und die in quirligen Etagen angeordneten Blütenkränze (was sie gemeinsam hat mit Polei-Minze, *M. pulegium*, und Quirl-Minze, *M.* verticillata, ein Bastard der beiden hier abgebildeten Arten). Unterschiede zur Polei-Minze (in Klammern): Kelch gleichmäßig 5zähnig (ungleich 5zähnig), Blätter 3–8 cm lang (1–2 cm), Stengel aufsteigend-aufrecht, mit vorwiegend unterirdischen Ausläufern (niederliegend-aufsteigend, mit vorwiegend oberirdischen Ausläufern). **Standort:** Naßwiesen, kaum noch in feuchten Äckern. **Verbreitung:** Ganz Deutschland, in den Alpen bis 1900 m.
Nässezeiger. Blüten duftend und nektarreich.

Wasser-Minze

Mentha aquatica

20–80 cm, Juli–Okt.

oben rechts

Merkmale: Die endständigen Blütenbüschel hat die Wasser-Minze mit den meisten anderen Minzen gemeinsam, nur sie bildet aber köpfchenartige Blütenstände aus; die der anderen Arten sind länglich-ährenförmig. **Standort:** Röhricht- und Großseggen-Gesellschaften, Ufer, Gräben, Naß- und Moorwiesen, Bruchwälder. **Verbreitung:** Ganz Deutschland, in den Alpen bis 1200 m.
Kriechwurzel-Pionier. Blätter wie bei allen Minzen reich an ätherischen Ölen. Kann als Tee verwendet werden. Die Echte Pfefferminze *(M. x piperita)* ist eine Kreuzung aus Wasser-Minze und der mediterraner Ähren-Minze *(M. spicata).*

Ufer-Wolfstrapp

Lycopus europaeus

20–130 cm, Juli–Sept.

unten

Merkmale: Eine eher unscheinbare Pflanze, vor allem wenn sie wie gewöhnlich zwischen anderen Hochstauden oder zwischen Röhricht steht. Typisch sind die stark gesägten Blätter und die kleinen weißen Blütenquirle. Die oberen Blätter des seltenen Hohen Wolfstrapp *(L. exaltatus)* sind (wie die untergetauchten Blätter des Ufer- Wolfstrapp) tief fiederspaltig. **Standort:** Im Röhricht oder in Seggenbeständen, an Ufern und Gräben, Erlenbruch. **Verbreitung:** Ganz Deutschland, in den Alpen bis 900 m.
Arzneiliche Verwendung bei Schilddrüsenüberfunktion, früher auch bei Malaria.

Tollkirsche

Atropa belladonna

50–150 cm, Juni–Aug.
oben links Blüten, rechts Früchte

Merkmale: Die jährlich fast strauchartig wachsende Staude mit ihren ausladenden Ästen ist nicht zu verkennen. **Standort:** Kahlschläge, Waldverlichtungen, an Waldwegen; auf frischen, nährstoff- und basenreichen Lehmböden. **Verbreitung:** Von den Alpen (hier bis 1650 m) bis zur Mittelgebirgsschwelle, im Norddeutschen Tiefland fehlend.

Bis 1 m tiefe Pfahlwurzel als dickes Speicherorgan. In allen Teilen tödlich giftige Alkaloide; sie wirken sekretionshemmend insbesondere auf die Schleimhäute (Durstgefühl). Die Wirkung ist zunächst rauschartig (daher »Toll«-Kirsche), dann Lähmung und Kollaps. Erste Hilfe: Erbrechen, bei Kreislaufstörungen starker Tee oder Kaffee. Das Atropin wirkt auch pupillenerweiternd, was früher die schönen Damen (»belladonna«) veranlaßte, Pflanzensaft in die Augen zu träufeln; auch heute wird in der Augenheilkunde noch davon Gebrauch gemacht. Für Vögel sind die Beeren ungiftig.

Bittersüßer Nachtschatten

Solanum dulcamara

30–200 cm, Juni–Aug.
unten links Blüten, rechts Früchte

Merkmale: Die als Spreizklimmer im Gebüsch kletternde Pflanze mit den typischen Blüten und anfangs grünen, später roten Beeren (Foto) ist unverkennbar. Eine Reihe weiterer Nachtschattengewächse (meist aus südlichen Ländern eingeschleppt) wächst kleinstrauchartig und blüht meist weiß. **Standort:** Weidengebüsche und Weidenwälder, an Waldrändern und Verlichtungen, an Ufern und Gräben, in Brüchen und auf Waldschlägen. **Verbreitung:** Ganz Deutschland, in den Alpen bis 1360 m.

Die Triebe können bis 7 m lang werden. Die ganze Pflanze (vor allem die grüne Beere) ist giftig: 30–40 unreife Beeren können für Kinder tödlich sein (Krämpfe und Atemlähmung). Die reifen Beeren sind nahezu ungiftig. Der Name rührt daher, daß die Beeren anfangs bitter, später süß schmecken. Aus dem Stengel wurde früher eine Arznei gegen Hautleiden, Asthma und chronische Bronchitis bereitet. Wirkung: stoffwechselfördernd und schmerzlindernd. – Die Gattung gehört mit nahezu 2000 meist tropischen Arten zu den artenreichsten der Blütenpflanzen. Darunter viele Heil- und Kulturpflanzen wie Kartoffel und Tomate.

Großblütige Königskerze, Wollblume

50–250 cm, Juli–Sept.

Verbascum densiflorum

oben

Merkmale: Von den 9 bei uns vorkommenden Königskerzen-Arten sind nur 4 häufig und verbreitet, dazu gehört die Großblütige Königskerze Mit ihrem dichtblütigen, wenig verästelten Blütenstand und den am Stengel lang herablaufenden mittleren Stengelblättern und den kahlen Staubfäden ähnelt sie nur der Kleinblütigen Königskerze *(V. thapsus).* Die Unterschiede (Kleinblütige Königskerze in Klammern): Blüten mehr oder weniger flach, 30–40 mm breit (trichterförmig, 15–20 mm), Staubfäden höchstens doppelt so lang wie Staubbeutel (4mal so lang), Blätter deutlich gekerbt (schwach gekerbt oder ganzrandig). Die Schwarze oder Violette Königskerze *(V. nigrum)* ist an ihren violett-wolligen Staubfäden und den roten Flecken am Blütengrund leicht zu erkennen. Die Mehlige Königskerze *(V. lychnitis)* schließlich ist schon aus der Ferne an ihrem stark verästelten Blütenstand und ihren hellgelben bis weißen Blüten zu erkennen. **Standort:** Sonnige Unkrautfluren, Schuttplätze, Wegränder, Dämme, Ufer, Waldschläge; bevorzugt auf kalkhaltigen Böden. **Verbreitung:** Ganz Deutschland, im Nordwesten und Norden lückig, im Jura bis 850 m, in den Alpen fehlend.

Zweijährige Halbrosettenpflanze. Staubfäden ungleich, obere 3 dicht behaart, untere 2 kahl. Etwa 200 Blüten und 60 000 Samen je Pflanze. Blüten werden als Hustenmittel und in der Volksmedizin gegen Rheuma verwendet.

Knotige Braunwurz

40–120 cm, Juni–Sept.

Scrophularia nodosa

unten links

Merkmale: Eine stattliche, oft auch freistehende und reich verzweigte, wegen ihren unscheinbaren Blüten aber oft übersehene Pflanze, die kaum zu verwechseln ist. Ähnlich sind (von den 5 weiteren Braunwurz-Arten) nur die Flügel-Braunwurz *(S. umbrosa)* und eventuell noch die Wasser-Braunwurz *(S. auriculata).* Die Wasser-Braunwurz ist an ihren eiförmig-stumpfen und stumpf gekerbten Blättern zu unterscheiden, die Flügel-Braunwurz an ihren 4kantigen, breit-geflügelten Stengeln und Blattstielen (was sie gemeinsam mit der Wasser-Braunwurz hat). **Standort:** Krautreiche Wälder; frische, kalkarme Böden. **Verbreitung:** Ganz Deutschland, in den Alpen bis 1270 m.

Schuppenwurz

10–30 cm, März–Mai

Lathraea squamaria

unten rechts

Merkmale: Die bleich-rosa meist gruppenweise aus altem Laub hervorbrechenden Blütenstände sind unverkennbar. **Standort:** In Auen- oder Schluchtwäldern; auf sickerfrischen, meist kalkhaltigen, humosen Böden. **Verbreitung:** Zerstreut im ganzen Land, im Nordwesten fehlend.

Ein fast chlorophyllfreier Vollschmarotzer mit dicker Wurzelknolle als Speicherorgan. Entnimmt mit kurzen Saugorganen Blutungssaft aus den Wurzeln von Hasel, Erle, Weide, Pappel. Blüht auch unterirdisch.

Persischer Ehrenpreis

Veronica persica

10–40 cm, Febr.–Sept.

oben

Merkmale: Die etwa 35 in Deutschland vorkommenden, meist blau blühenden Ehrenpreis-Arten sind schwer zu unterscheiden. Man muß dazu in der Regel ihre Früchte mit der Lupe betrachten und auf die Blattformen achten. Der Persische Ehrenpreis gehört zu den Arten mit einzeln stehenden Blüten und mit langen, dünnen Blütenstielen. Ähnlich sind Efeu-Ehrenpreis *(V. hederifolia)*, Faden-Ehrenpreis *(V. filiformis)* sowie Acker-Ehrenpreis *(V. agrestis)* und Glänzender Ehrenpreis *(V. polita)*. **Standort:** Häufig und oft teppichartig in Park- und Hausrasen, Äcker, Weinberge, Wegränder. **Verbreitung:** Ganz Deutschland, in den Alpen bis 1700 m.
Seit etwa 1805 in Europa eingebürgert; Herkunft Südwestasien.

Bach-Ehrenpreis, Bachbunge

Veronica beccabunga

20–60 cm, Mai–Aug.

unten

Merkmale: Der Standort und die kräftig-fleischigen Stengel unterscheiden diese Art von den Ehrenpreis-Arten des oben abgebildeten Habitus. Ähnlichkeit mit der Bachbunge haben hingegen die ebenfalls an feuchten bis nassen Standorten lebenden Arten der Artengruppe Gauchheil-Ehrenpreis *(V. anagallis-aquatica)*. Im Gegensatz zu deren länglich-zugespitzten und sitzenden Blättern sind die Blätter der Bachbunge rundlich-eiförmig und kurz gestielt. **Standort:** Verlandungs- und Röhricht-Gesellschaften, an Flüssen, Bächen, Gräben und Seeufern, auch an Waldbächen; auf flach überschwemmten, nährstoffreichen Sandböden. **Verbreitung:** Ganz Deutschland, in den Alpen bis 1860 m.
Vegetative Vermehrung durch oberirdische Ausläufer (Kriech-Pionier). Die jungen Sprosse sind für Mischsalate geeignet. Der Preßsaft wurde früher arzneilich verwendet. Zur Bepflanzung von Gartenteichen ist das üppig wuchernde Kraut gut geeignet.

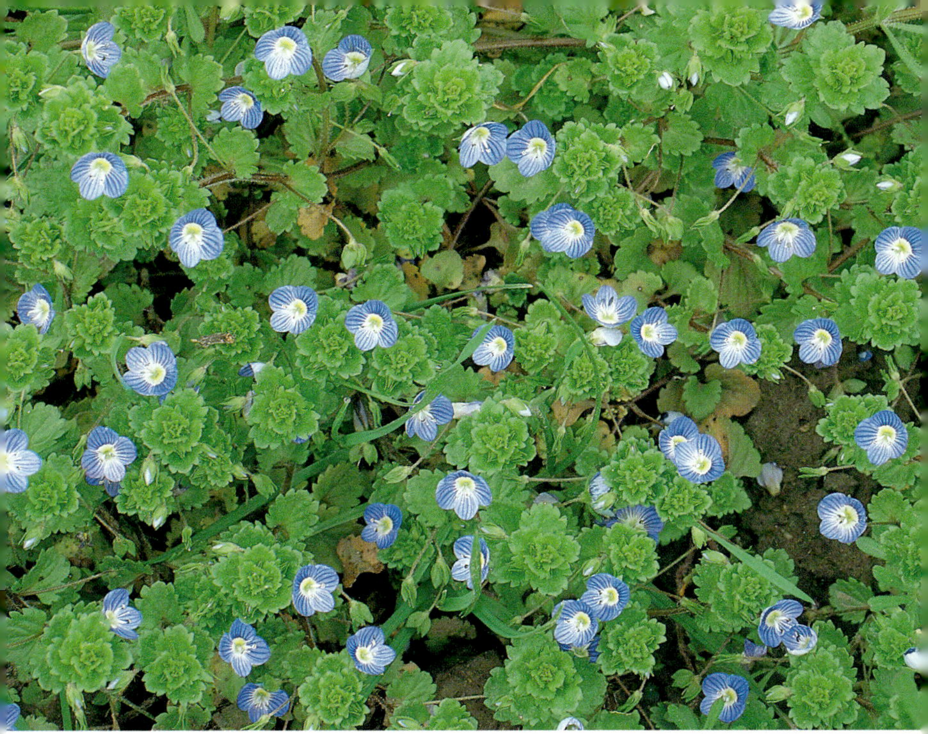

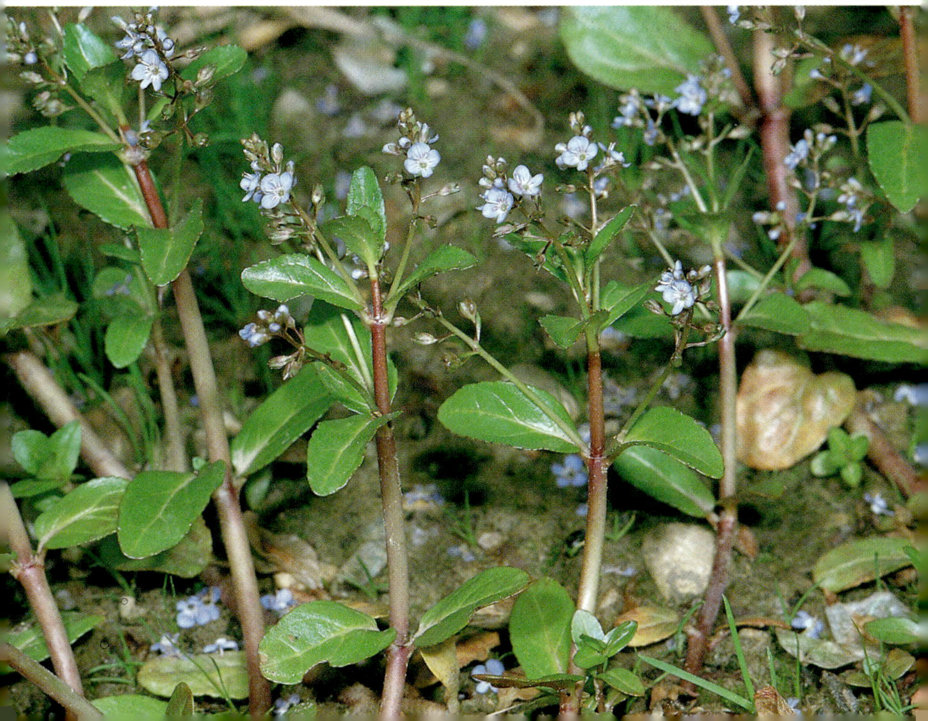

Roter Fingerhut

40–150 cm, Juni–Aug.

Digitalis purpurea

oben

Merkmale: Kann nicht verwechselt werden. **Standort:** Gesellig in Waldschlägen, vor allem des Gebirges, an Waldwegen, auf Waldverlichtungen; auf frischen, nährstoffreichen, kalkarmen, steinig-sandigen Lehmböden. **Verbreitung:** Vor allem im Westen Deutschlands, im Südschwarzwald bis 1300 m; im Osten und Norden bis Hessen, Sauerland, Niedersächsisches Hügelland, Harz, Thüringer Wald, sonst vielfach nur verwildert. In Deutschland an der Ostgrenze der Verbreitung.

Zweijährige Halbrosettenpflanze, auch ausdauernd. Durch Orientierung zum Licht sind die Blütentrauben einseitswendig. Der Eingang in die Blüte wird kleineren Insekten durch hochstehende Sperrhaare verwehrt; gewöhnlich können nur Hummeln eindringen. Die Blüten sind vormännlich, d.h. die Staubblätter werden vor den Narben reif. Da die Blüten von unten nach oben aufblühen, befinden sich die oberen noch im männlichen Stadium, wenn die unteren schon im weiblichen sind. Dadurch wird Selbstbestäubung verhindert. Die Pflanze ist in allen Teilen durch Digitalis-Glykoside stark giftig und schmeckt stark bitter. Die Blätter werden arzneilich als kreislaufförderndes Mittel verwendet. Beliebte Gartenpflanze, die vielerorts verwildert ist.

Großblütiger Fingerhut

60–120 cm, Juni–Aug.

Digitalis grandiflora

gesch.; unten links

Merkmale: Vom ebenfalls gelb blühenden Kleinblütigen Fingerhut *(D. lutea)* unterscheidet ihn Wuchshöhe und Blütengröße (Blüten 3–4 cm lang, nur 2–2,5 cm beim Kleinblütigen Fingerhut); auch sind bei unserer Art die Blüten innen braun quergeadert. **Standort:** Waldlichtungen und Waldschläge, Waldwege, Böschungen, sonnig-warme Steinhalden, grasige Staudenfluren. **Verbreitung:** Mittleres Berg- und Hügelland, im Schwarzwald bis 1350 m, in den Alpen (spärlich) bis 1600 m; fehlt im Norden und Nordwesten.

Bodenfestiger. Blütenökologie und Inhaltsstoffe ähnlich wie vorige Art. Der ähnliche Gelbe oder Kleinblütige Fingerhut kommt bei uns nur selten im äußersten Westen vor.

Gewöhnliches Leinkraut

20–75 cm, Juni–Okt.

Linaria vulgaris

unten rechts

Merkmale: Die gelben »Löwenmaul«-Blüten mit dem langen Sporn und die schmalen, leinartigen Blättern lassen keine Verwechslung zu. **Standort:** Sonnige, offene Unkrautfluren, an Straßenböschungen, im Bahngelände, an Schuttplätzen, Wegen, in Steinbrüchen, Äckern und Waldschlägen. **Verbreitung:** Ganz Deutschland, in den Alpen bis 1100 m.

Bis 1 m tief wurzelnd. Die Unterlippe der Blüte ist durch ein federndes Gelenk an die Oberlippe gepreßt, so daß nur kräftige Insekten Zugang finden. Vegetative Vermehrung durch Ausläufer und Wurzelsprosse.

Wiesen-Wachtelweizen
Melampyrum pratense

10–50 cm, Juni–Sept.
oben links

Merkmale: Die kandelaberartig verästelte Gestalt ist typisch für unsere 5 Wachtelweizen-Arten. Vom ähnlichen <u>Wald-Wachtelweizen</u> *(M. sylvaticum)* unterscheidet sich der Wiesen-Wachtelweizen durch 12–20 mm lange, hellgelbe Blüten mit langer, gerader Röhre (Wald-Wachtelweizen goldgelb, 6–9 mm lang, mit kurzer, gekrümmter Röhre). **Standort:** Lichte Eichenwälder, auch Buchen- und Nadelwälder, Heiden, Wald- und Wiesenränder, Hochmoore. **Verbreitung:** Ganz Deutschland, in den Alpen bis 1900 m.
Einjähriger Halbschmarotzer. Leicht giftig. Die Samen ähneln Ameisenpuppen und werden von Ameisen in die Nester verschleppt, wo sie keimen.

Wiesen-Augentrost
Euphrasia rostkoviana

5–25 cm, Mai–Okt.
oben rechts

Merkmale: Viele Arten, Unterarten und Bastarde in dieser Gattung, die schwer zu unterscheiden sind. Eingermaßen verbreitet und häufig ist neben unserer Art nur noch die Sammelart <u>Steifer Augentrost</u> *(E. tricta)*, die sich vom Wiesen-Augentrost durch den kahlen Blütenkelch unterscheidet, der bei unserer Art wie auch die Blätter dicht mit Drüsenhaaren besetzt ist. **Standort:** Magere Wiesen, besonders Bergwiesen, Weiden und Magerrasen, auch Moorwiesen. **Verbreitung:** Ganz Deutschland, in den Alpen bis 2300 m, im Nordwesten und Norden selten oder fehlend.
Einjähriger Halbschmarotzer auf Wiesenpflanzen. Das abgekochte Kraut wurde bei Augenleiden verwendet.

Zottiger Klappertopf
Rhinanthus alectorolophus

10–80 cm, Mai–Aug.
unten links

Merkmale: Die 4–6 heimischen Arten oder Artengruppen des Klappertopfs sind nicht leicht zu unterscheiden, während die Gattung unverkennbar ist. Beim Zottigen Klappertopf sind alle Pflanzenteile behaart, besonders der Kelch. Der Zahn der Oberlippe ist violett, was ihn vom häufigeren <u>Kleinen Klappertopf</u> *(R. minor)* unterscheidet, der einen weißlichen Oberlippenzahn hat. **Standort:** Warme Fettwiesen, Halbtrockenrasen, Getreidefelder; meist auf kalkhaltigem Boden. **Verbreitung:** Hauptsächlich im Süden und Westen, fehlt in Norddeutschland.
Einjähriger Halbschmarotzer. Die reifen Samen klappern in den trockenen Kelchen (Name).

Zimbelkraut, Mauer-Zymbelkraut
Cymbalaria muralis

10–40 cm, Mai–Sept.
unten rechts

Merkmale: Nicht zu verwechseln. **Standort:** An warmen, aber nicht zu sonnigen Mauern und Felsen. **Verbreitung:** Etwas lückig in ganz Deutschland, im Gebirge bis 750 m. Eingebürgerte, mediterrane Art.

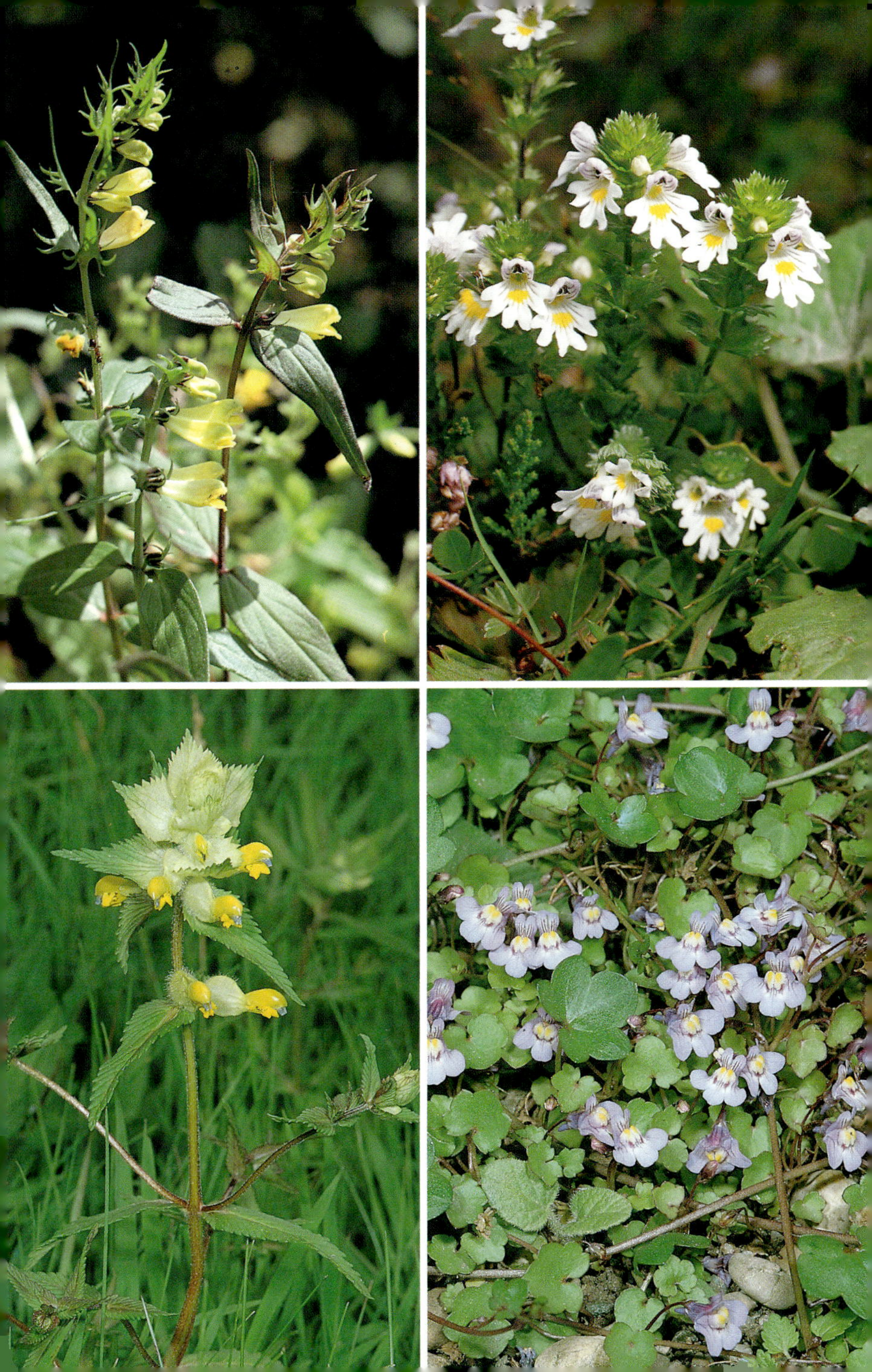

Arznei-Baldrian

40–150 cm, Mai–Aug.

Valeriana officinalis

oben

Merkmale: Die an Doldenblütler erinnernden, aber mehr kopfigen Blütenstände sind weiß bis rosa, die Blätter gefiedert. Nur die Wurzeln weisen den typischen Baldriangeruch auf. Im Spätsommer und Herbst fallen die durch kurze Schirmchen der Samen bizarr wirkenden Fruchtstände ins Auge. **Standort:** Da wir hier 5 ähnliche Kleinarten mit unterschiedlichen Standortansprüchen zusammengefaßt haben, kann der Standort nur ganz allgemein mit Staudenfluren an meist feuchten Orten angegeben werden. Die abgebildete Art (Schmalblättriger Arznei-Baldrian, *V. wallrothii*) bevorzugt aber eher trockene Standorte. **Verbreitung:** Als Sammelart in ganz Deutschland; die Verbreitung der Einzelarten ist noch unzureichend erforscht.

Blüten wohlriechend. Die unterirdischen Teile wirken beruhigend und krampflösend, aber nicht einschläfernd. Getrocknete Rhizome haben schweißartigen Geruch, der Kater anlockt. Von den kleinen Baldrian-Arten ist der Sumpf-Baldrian *(V. dioica)* am weitesten verbreitet.

Mittlerer Wegerich

5–40 cm, Juni–Okt.

Plantago media

unten links

Merkmale: Bei den Wegerich-Arten bilden die langen Staubfäden den Schaueffekt. Ihre Blätter sind parallelnervig, wie bei Einkeimblättrigen (s. S. 168 ff.). Seine mehr langgestreckten Blütenstände mit rosa-lila Staubfäden und die breiten, fast sitzenden, anfangs dicht kurzhaarigen Blätter unterscheiden den Mitteleren Wegerich von folgender Art. Der häufigere Breit-Wegerich *(P. major)* besitzt deutlich gestielte Blätter und einen Blütenstand, der meist länger ist als sein Stengel. **Standort:** Halbtrockenrasen, magere Wiesen und Weiden. **Verbreitung:** Ganz Deutschland, im Norddeutschen Tiefland selten, in den Alpen bis 1630 m.

Die weiblichen Organe werden vor den männlichen reif, so daß Selbstbestäubung (Windblütler!) durch herabfallenden Pollen ausgeschlossen ist, da die Blüten von unten nach oben reifen.

Spitz-Wegerich

10–50 cm, Mai–Sept.

Plantago lanceolata

unten rechts

Merkmale: Alle typischen Merkmale sind auf dem Foto gut zu erkennen. **Standort:** Fettwiesen und Weiden, Parkrasen, an Wegen, in Äckern. **Verbreitung:** Ganz Deutschland, in den Alpen bis 1860 m.

Bewährtes Hustenmittel. Der Saft ist antibiotisch und schimmelt daher nicht. Preßsaft oder gequetschte Blätter auf Insektenstichen lindern den Juckreiz und wirken abschwellend.

Wilde Karde

70–200 cm, Juli–Aug.

Dipsacus fullonum (sylvestris)

oben links

Merkmale: Die hohen Gestalten sind nicht zu übersehen und nicht zu verkennen. Blüht manchmal auch weiß. 3–4 weitere Arten sind selten und meist unbeständig. Die ähnliche Weber-Karde *(D. sativus)* trägt ihre Hüllblätter waagrecht abgespreizt, statt nach oben gekrümmt. **Standort:** Staudige Unkrautfluren an Wegen, Dämmen, Ufern. **Verbreitung:** Ganz Deutschland, im Norden zerstreut, in den Alpen bis 800 m.
Alle Karden-Arten sind aus südlicheren Ländern eingeschleppt. Die Weber-Karde wurde früher kultiviert und zum Aufrauhen von Stoffen (Kardieren) verwendet.

Teufelsabbiß

15–80 cm, Juli–Sept.

Succisa pratensis

oben rechts

Merkmale: Von den ähnlichen Skabiosen und Witwenblumen (Fotos unten) unterscheidet sich der Teufelsabbiß durch rundere Blütenköpfe und das Fehlen strahlender Randblüten. **Standort:** Moorwiesen, Magerrasen, besonders des Gebirges. **Verbreitung:** Ganz Deutschland, in den Alpen bis 1040 m.
Der Name bezieht sich auf die wie abgebissen endende Hauptwurzel. Neben Pflanzen mit zwittrigen Blüten auch solche mit nur weiblichen. Heilpflanze.

Wiesen- oder Acker-Witwenblume

30–80 cm, Juli–Aug.

Knautia arvensis

unten links

Merkmale: Von den Skabiosen unterscheiden sich die Witwenblumen durch nur 4 (statt 5) Kronblätter. Von der hauptsächlich auf Süddeutschland beschränkten Wald-Witwenblume *(K. dipsacifolia)* mit ganzrandigen Blättern ist unsere Art durch ihre fiederschnittigen Stengelblätter zu unterscheiden. **Standort:** Fettwiesen, Weg- und Waldränder, auch in Äckern. **Verbreitung:** Ganz Deutschland, im Nordwesten lückig, in den Alpen bis 1000 m.
Die körbchenförmigen Blütenstände sind eine Parallelentwicklung zu denen der Korbblütler (vgl. S. 142 ff.).

Tauben-Skabiose

25–60 cm, Juli–Nov.

Scabiosa columbaria

unten rechts

Merkmale: Siehe vorige Art. Ähnlich ist die Graue oder Wohlriechende Skabiose *(S. canescens)* mit hellblauen und duftenden Blüten. Im Alpenbereich wächst die sehr ähnliche Glanz-Skabiose *(S. lucida),* deren Blätter überwiegend kahl und glänzend sind, während die der Tauben-Skabiose fein kraus behaart und matt sind. **Standort:** Sonnige Kalk-Magerrasen sowie magere und warme Wirtschafts- und Moorwiesen. **Verbreitung:** Ganz Deutschland, im Nordwesten lückig bis fehlend, in den Alpen bis 1500 m.
Durch Düngung und Verbuschung im Rückgang.

Wiesen-Glockenblume

30–60 cm, Mai–Juli

Campanula patula

oben links

Merkmale: An ihren zierlichen, verzweigten Stielen und den meist aufrechten, hell-violettblauen Glocken läßt sich die Art von anderen hohen Glockenblumen unterscheiden. **Standort:** Wiesen tieferer Lagen, an Wegen, in Brachen. **Verbreitung:** Vor allem im Süden und Osten, in den Alpen bis 1100 m, fehlt im Nordwesten.
Lichtpflanze mit sonnenwendigen Blüten.

Nesselblättrige Glockenblume

60–100 cm, Juli–Aug.

Campanula trachelium

oben rechts

Merkmale: Charakteristisch sind die nesselförmigen Blätter, der behaarte Kelch und die lang bewimperte Krone. Der Stengel ist scharfkantig und steifhaarig. **Standort:** Krautreiche Eichen- und Buchenwälder, Hecken, Waldverlichtungen, auch steinige Ruderalstellen. **Verbreitung:** Ganz Deutschland, in den Alpen bis 1700 m, im Nordwesten selten bis fehlend.
Lehmzeiger, Halbschattenpflanze.

Acker-Glockenblume

30–80 cm, Juni–Sept.

Campanula rapunculoides

unten

Merkmale: Von der ähnlichen vorigen Art unterscheidet sich die Acker-Glockenblume durch schmalere Blätter, kahlen Kelch, kurz bewimperte Krone und stumpfkantigen Stengel. **Standort:** Im Saum sonniger Gebüsche, in lichten Eichen- und Kiefernwäldern, an Wald- und Wegrändern, auch auf Äckern. **Verbreitung:** Ganz Deutschland, in den Alpen bis 1100 m, im Nordwesten lückig.
Wurzelkriech-Pionier.

Rundblättrige Glockenblume
Campanula rotundifolia

15–30 cm, Juni–Okt.
oben

Merkmale: Diese kleine Glockenblume wächst lockerrasig. Nur ihre gestielten Grundblätter sind im Umriß rundlich (Name), während die Stengelblätter schmal-linealisch sind. Die Blütenknospen stehen meist aufrecht. **Standort:** Magerrasen und magere Wiesen, Heiden, lichte Eichenwälder, Wald- und Wegränder, Fels- und Mauerspalten. **Verbreitung:** Ganz Deutschland, in den Alpen bis 1300 m.
Formenreiche Sammelart. Bis 120 cm tief wurzelnder Magerkeitszeiger; Wurzelkriecher. – Die Unterscheidung der rund 20 bei uns vorkommenden Glockenblumen-Arten ist nicht immer einfach.

Ährige Teufelskralle
Phyteuma spicatum

30–80 cm, Mai–Juli
unten links

Merkmale: Die blühende Pflanze ist kaum zu verkennen. Selten kommen auch blaßblaue Blüten vor. Die herzförmigen Blätter weisen im Zentrum oft einen großen schwarzen Felcken auf. **Standort:** Krautreiche Laub- und Nadelmischwälder, auch in Bergwiesen. **Verbreitung:** Ganz Deutschland, in den Alpen bis 2100 m, im Westen lückig, im Nordwesten fehlend.
Die Kronröhre reißt an 5 Längsfurchen von unten nach oben auf. Die Blätter können als Wildgemüse (»Waldspinat«) gegessen werden. Ein Absud aus den Rhizomen soll gegen Gallensteine wirken.

Berg-Sandglöckchen, -Sandrapunzel
Jasione montana

10–45 cm, Juni–Aug.
unten rechts

Merkmale: Rosettenblätter lang, schmal und behaart, alle Blätter am Rande wellig, Stengel reichästig, Pflanze ohne Ausläufer (Unterschied zum <u>Ausdauernden Sandglöckchen</u>, *J. laevis*, das vereinzelt im Südwesten vorkommt). Insgesamt zart und wenig auffallend. **Standort:** Lückige Sand-Magerrasen, Dünen, Felsköpfe, Dämme; auf kalkarmen Sand- und Steingrusböden. **Verbreitung:** Ganz Deutschland, in Südbayern und in den Alpen fehlend.
Zweijährige, bis 1 m tief wurzelnde Pflanze.

Wasserdost

50–150 cm, Juli–Sept.

Eupatorium cannabinum

oben

Merkmale: Die hohen Stauden mit den kupferroten Scheindolden und den dreigeteilten Blättern fallen auf und sind unverkennbar. **Standort:** Gesellig in Schlägen, Waldsäumen und Verlichtungen, in Auwäldern, an Wegen, Böschungen und Ufern; oft zusammen mit Kanadischer Goldrute (s. unten). **Verbreitung:** Ganz Deutschland, in den Alpen bis 1000 m.
Die Körbchen bestehen nur aus wenige Blüten und stehen in doldigen Büscheln. Die Blüten werden gerne von Faltern und Bienen besucht.

Echte oder Gewöhnliche Goldrute

10–100 cm, Juli–Okt.

Solidago virgaurea

unten links

Merkmale: Eher mit Greiskraut-Arten (vgl. S. 152/153) als mit anderen Goldruten zu verwechseln. Die Zahl der strahlenförmigen Zungenblüten ist auf 5–8 beschränkt, der Blütenstand ist länglich-traubig, nicht doldig. **Standort:** Lichte, gras- und krautreiche Eichen-, Buchen- oder Nadelmischwälder, Heiden und Magerweiden. **Verbreitung:** Ganz Deutschland, in den Alpen bis zur Waldgrenze (Unterart *minuta* bis 2200 m).
Die einzige heimische Goldruten-Art. Als harntreibendes Mittel bei Blasen- und Nierenentzündungen, Bestandteil von Blutreinigungstees, auch bei schlecht heilenden Wunden verwendet (Name: »solidus« = fest, »agere« = machen).

Kanadische Goldrute

50–250 cm, Aug.–Okt.

Solidago canadensis

unten rechts

Merkmale: Die bekannte Hochstaude ist nur mit der wohl noch häufigeren Späten oder Riesen-Goldrute *(S. gigantea)* zu verwechseln. Die Unterschiede (in Klammern *S. gigantea*): Zungenblüten kaum länger aus Scheibenblüten (deutlich länger), Hülle 2–3 mm lang (3–4 mm), Stengel durchwegs kurzhaarig, später unten verkahlend (kahl, nur im Blütenstand kurzhaarig). **Standort:** Bestandbildend in Schuttunkrautfluren, verlichteten Auwälder, an Ufern und Dämmen. **Verbreitung:** Ganz Deutschland, in den Alpen bis 900 m.
Beide Arten stammen aus Nordamerika und wurden als Zierpflanzen eingeführt. Ähnlich wie das Indische Springkraut (vgl. S. 78/79) haben sich diese Neophyten (Neueinwanderer) in den ihnen zusagenden Lebensräumen teilweise stark auf Kosten heimischer Arten ausgebreitet. Als Spätblüher mit reicher Nektarproduktion sind sie allerdings eine wertvolle Bienenweide.

Gewöhnliche oder **Wiesen-Schafgarbe**   20–120 cm, Juni–Okt.
Achillea millefolium   oben

Merkmale: Als Schafgarbe ist sie an ihren Blüten und Blättern (Foto) leicht zu erkennen. Die Unterscheidung von nahezu 20 weiteren Schafgarben-Arten ist jedoch nicht ganz einfach. 6 davon können zur Artengruppe Wiesen-Schafgarbe gerechnet werden. 3 Arten sind auf den Alpenbereich beschränkt. So kann eine Verwechslung gewöhnlich nur mit der Sumpf-Schafgarbe *(A. ptarmica)* stattfinden, deren Blütenkörbchen wesentlich größer und geringer an Zahl und deren sehr schmale, lange Blätter nur einfach fiederschnittig sind. **Standort:** Fettwiesen und Weiden, auch Halbtrocken- und Sandrasen, Wegränder. **Verbreitung:** Ganz Deutschland, in den Alpen bis 1860 m.
Blätter meist wintergrün. Die Körbchen bilden Scheindolden (Doldenrispen), so daß der Schaueffekt durch doppeltes Zusammenrücken entsteht. Die Blätter sind reich an ätherischen Ölen und werden ähnlich wie Kamille verwendet. Junge Blätter für Wildgemüse und -salate geeignet. Schafe fressen nur die Blätter und lassen die Blüten stehen (Name).

Gänseblümchen   5–15 cm, Jan.–Nov.
Bellis perennis   unten links

Merkmale: Allgemein bekannt. Ähnlich, aber langstieliger ist das nur im Süden Deutschlands vorkommende Alpen-Maßliebchen *(Aster bellidiastrum)*. **Standort:** Parkrasen, Wiesen und Weiden. **Verbreitung:** Ganz Deutschland, in den Alpen bis 2000 m.
Wintergrüne Rosettenpflanze. Sonnenwendige Trittpflanze. Blüht fast ganzjährig. Nach kalten Nächten sind die Zungenblüten außen und an den Spitzen rot. Blüten schließen sich nachts und bei kühlem Wetter; Bewegung durch unterschiedliches Wachstum. Junge Blätter und Blüten als Beimischung für Salate und Kräutersuppen geeignet. Formen mit gefüllten Blüten (Umwandlung von Röhrenblüten zu Zungenblüten) als Zierpflanzen.

Kleinblütiges Franzosenkraut   10–60 cm, Mai–Okt.
Galinsoga parviflora   unten rechts

Merkmale: Die typischen Merkmale sind auf dem Foto zu erkennen. Unterschiede zum ähnlichen Behaarten Franzosenkraut *(G. ciliata*, Merkmale in Klammern): Stengel oben kahl oder nur spärlich anliegend behaart (weiß zottig behaart), Blätter fein gezähnt (grob gezähnt). **Standort:** Gärten, Äcker, Weinberge, Schuttplätze. **Verbreitung:** Beide Arten ganz Deutschland, in den Alpen 700–1200 m. Das Kleinblütige Franzosenkraut ist in Süddeutschland nur lückig verbreitet.
Ein häufiges, einjähriges Unkraut, das in günstigen Jahren 2–3 Generationen durchläuft. Als eingeschleppte Tropenpflanze sehr frostempfindlich (Heimat: Südamerika). Junge Stengel und Blätter als Gemüse und Salat geeignet.

Echte Kamille
Matricaria chamomilla

15–40 cm, Mai–Aug.
oben

Merkmale: Zu verwechseln mit der Geruchlosen Kamille (s. unten). Unterschiede (in Klammern Geruchlose Kamille): Blütenkopfboden kegelförmig, innen hohl (halbkugelig, markig), Zungenblüten zuletzt zurückgeschlagen (stets waagrecht), Pflanze mit starkem Geruch (fast geruchlos), Höhe bis 40 cm (bis 80 cm). **Standort:** Schuttstellen, Wege, Getreidefelder. **Verbreitung:** Ganz Deutschland, in den Alpen bis 1670 m.
Einjährige Halbrosettenpflanze. Die weißen Zungenblüten sind weiblich, die gelben Röhrenblüten zwittrig. Die Samen können im Boden mindestens 100 Jahre überdauern. Tee aus Blütenköpfchen entzündungshemmend und krampflösend; Anwendung bei Magenverstimmung und Entzündungen der oberen Atemwege. Durch chemische Unkrautbekämpfung überall zurückgehend.

Geruchlose Kamille
Matricaria inodora

25–80 cm, Juni–Okt.
unten links

Merkmale: Neben der Ähnlichkeit mit voriger Art besteht Verwechslungsmöglichkeit mit der Acker-Hundskamille *(Anthemis arvensis)* und der Straußblütigen Wucherblume oder Margerite *(Chrysanthemum corymbosum)*, deren Blätter jedoch nicht so feingliedrig sind. **Standort:** Schuttplätze, Wege, Äcker. **Verbreitung:** Ganz Deutschland, in den Alpen bis 1300 m.
Bis 120 cm tief wurzelnde Pionierpflanze.

Strahlenlose Kamille
Matricaria discoidea

5–30 cm, Juni–Aug.
unten rechts

Merkmale: Eine Verwechslung ist kaum möglich. **Standort:** Schuttplätze, Trittrasen, Feldränder; als ausgesprochener Kulturfolger stets in menschlicher Nähe. **Verbreitung:** Ganz Deutschland, in den Alpen bis 1670 m.
Die nordostasiatische Art verbreitete sich in Deutschland ab 1852 vom Botanischen Garten Berlin aus rasch, vor allem entlang der Schienenwege. Ebenfalls mit Kamillengeruch, jedoch kein Ersatz für die Echte Kamille.

Wiesen-Margerite, -Wucherblume

Chrysanthemum leucanthemum

20–70 cm, Mai–Okt.

oben

Merkmale: Allgemein bekannt und praktisch unverkennbar; von anderen weiß-gelb blühenden Korbblütlern schon durch den schweißartigen Geruch der Blüten unterschieden. Die Straußblütige Wucherblume *(Ch. corymbosum)* ist oben reich verzweigt und trägt einen ganzen Strauß von Blüten. Verschiedene andere, ähnliche Arten sind selten und kommen bei uns nur regional vor, so Alpen-Wucherblume *(Ch. alpinum)* und Hallers Wucherblume *(Ch. halleri)* in den Alpen. **Standort:** Fettwiesen und Fettweiden, Gartenwiesen, Brachflächen. **Verbreitung:** Ganz Deutschland, im Gebirge bis 1400 m. Zur Artengruppe Wiesen-Wucherblume zählt man auch die Berg-Wucherblume *(Ch. adustum)* und die Frühe Wucherblume *(Ch. praecox)*. Die mehrfach umbenannten Arten der Gattung werden teilweise auch unter dem Gattungsnamen *Tanacetum* oder *Leucanthemum* geführt. Die Wiesen-Wucherblume bildet sogenannte Ökotypen aus, d.h. die Pflanzen der Wiesen sehen anders aus als die der Brachflächen. Beliebte Wiesenblumenart in Naturgärten.

Rainfarn

Tanacetum vulgare

60–120 cm, Juli–Sept.

unten

Merkmale: Diese stattliche Hochstaude ist unverkennbar. Ähnlichkeit besteht allenfalls mit gelbblütigen Garten-Schafgarben. **Standort:** Gesellig in staudenreichen Unkrautfluren, an Böschungen, Wegen, Schuttplätzen, Ufern, gern an Brandstellen. **Verbreitung:** Ganz Deutschland, in den Alpen bis 1000 m, im Alpenvorland etwas lückig.

Ausdauernde, wintergrüne Halbrosettenpflanze mit farnartigen Blättern (Name). Wendet ihre Blätter dem maximalen Lichteinfall zu (Kompaßpflanze). Vegetative Vermehrung durch unterirdische Ausläufer. Durch das ätherische Öl Thujon in allen Teilen giftig. Wegen des kampferartigen Geruchs auch als Mottenmittel und zur Vertreibung anderer Insekten verwendet (Aufhängen getrockneter Sträuße). Für Naturgärten geeignet.

Huflattich

5–30 cm, März–April

Tussilago farfara

oben links Blüten, rechts junge Blätter

Merkmale: Die frühen Blüten können nicht verwechselt werden. Die Blätter haben jedoch Ähnlichkeit mit den oft am gleichen Standort wachsenden Blättern von Pestwurz (s. unten) und Alpendost *(Adenostyles)*. Huflattich-Blätter sind herzförmig, oberseits anfangs abwischbar graufilzig, dann glattspeckig, unterseits stark und länger anhaltend graufilzig; die Blattstiele sind oberseits deutlich rinnig (vgl. nächste Art). **Standort:** Pioniergesellschaften an Wegen, Schuttplätzen, in Kiesgruben, auf Äckern, Erdanrissen, Trümmerflächen, an Ufern und auf Steinschutt. **Verbreitung:** Ganz Deutschland, in den Alpen bis 2300 m.

Bis 1 m tief wurzelnd, bis 2 m lange Ausläufer; wichtiger Bodenfestiger. Die 30–40 Scheibenblüten sind männlich, die etwa 300 Randblüten weiblich. Körbchen nur bei Sonne geöffnet. Blüten bieten nur Pollen, keinen Nektar. Die schleimstoffreichen Blätter sind ein bewährtes Hustenmittel. Alle jungen Pflanzenteile sind für Gemüse, Salate und Kräutersuppen geeignet.

Rote oder Gewöhnliche Pestwurz

15–100 cm, März–Mai

Petasites hybridus

unten

Merkmale: Die bleich-rosa Blütenstände zeigen allenfalls im ganz jungen Zustand oberflächlich mit denen der Schuppenwurz (vgl. S. 126/127) Ähnlichkeit. Die Blätter gleichen denen des Huflattichs (oben); sie werden 60–100 cm breit, sind oberseits kurzhaarig und wirken matt-glatt, unterseits sind sie grauwollig, später verkahlend; die Blattstiele sind oben erhaben gerillt. Weiterhin haben die Blätter Ähnlichkeit mit denen der weißlich blühenden Pestwurz-Arten und denen der Alpendost-Arten. **Standort:** Bestandbildend an Ufern von Bächen und Flüssen, auf Naßwiesen, im Weiden- und Erlengebüsch, auf Rutschungen. **Verbreitung:** Ganz Deutschland, in den Alpen bis 1440 m, im Norden etwas lückig.

Die Blätter werden wegen ihrer Schleimstoffe als Hustenmittel verwendet, früher auch als Wurmmittel und zur Behandlung von Wunden und Hauterkrankungen. Neuerdings wurden krampflösende und beruhigende Wirkungen entdeckt.

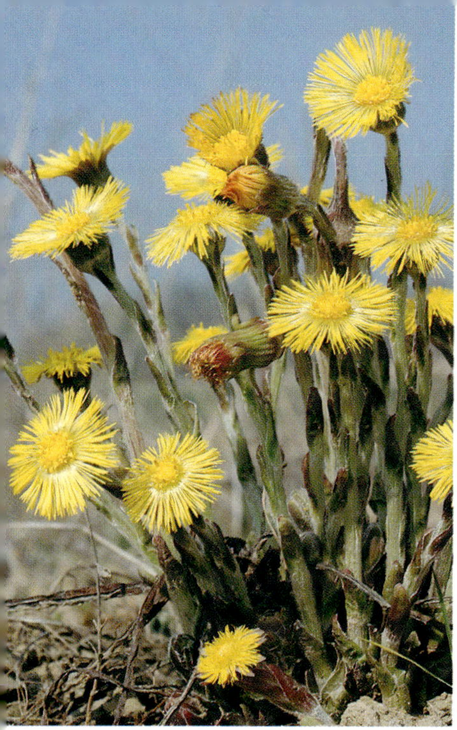

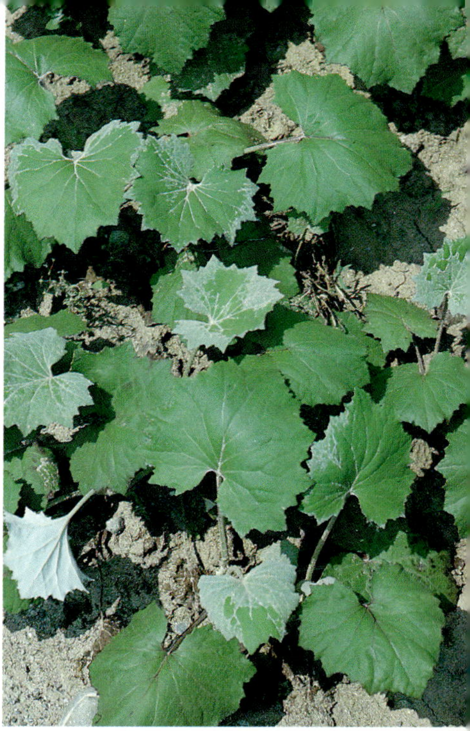

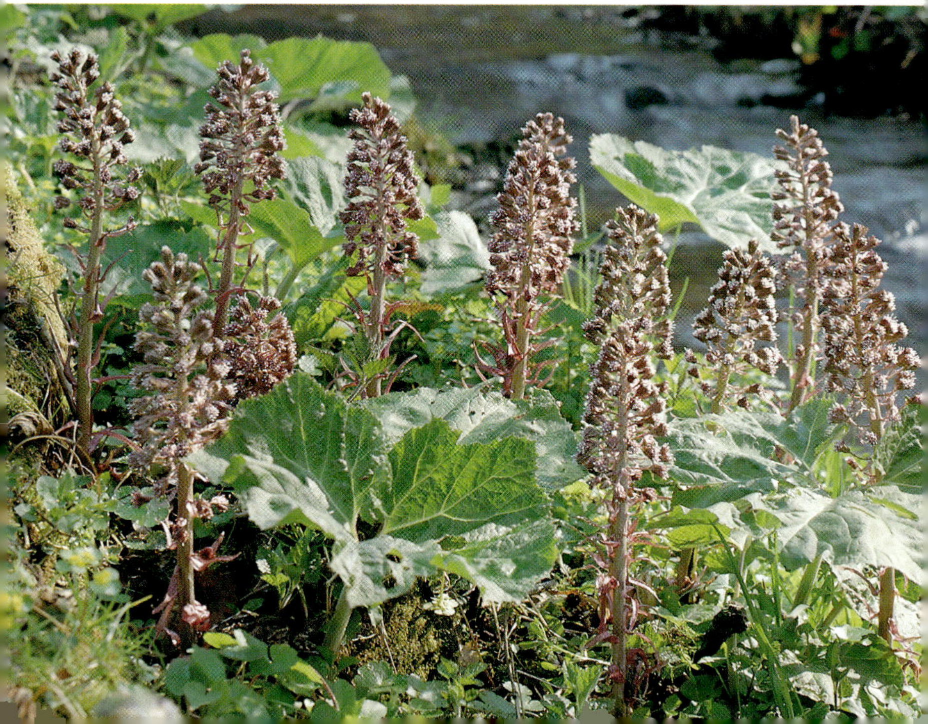

Arnika, Bergwohlverleih
Arnica montana

20–50 cm, Juni–Juli
RL 3, gesch.; oben

Merkmale: Von ähnlichen gelbblühenden Korbblütlern läßt sich die Arnika leicht durch ihre gegenständigen, ganzrandigen Stengelblätter unterscheiden. 4 ebenfalls einfache, meist 5rippige Grundblätter bilden eine Rosette. **Standort:** Gesellig in Silikat-Magerrasen; auf frischen, nährstoff- und kalkarmen Lehm- und Torfböden. **Verbreitung:** Ganz Deutschland, selten unter 500 m, in den Alpen bis über 2000 m, in weiten Teilen aber ausgerottet. Schwach giftig, aromatisch duftend. Als Tinktur seit altersher geschätztes Heilmittel, z.B. bei Wundheilung; auch als Badezusatz. Bei Überdosierung besteht Vergiftungsgefahr. Wegen der Seltenheit der Art dürfen nur kultivierte Pflanzen verwendet werden; Ersatz: Ringelblume *(Calendula).*

Fuchs-Greiskraut
Senecio fuchsii

60–150 cm, Juli–Sept.
unten links

Merkmale: Charakteristisch sind die schmalen, wenigen (meist 5) Strahlenblüten. Zum sehr ähnlichen, in Deutschland aber nur sehr zerstreut vorkommenden Hain-Greiskraut *(S. nemorensis)* bestehen folgende Unterschiede (Hain-Greiskraut in Klammern): Obere Stengelblätter deutlich gestielt oder stielartig verschmälert sitzend (verschmälert, aber angerundet oder etwas stengelumfassend sitzend), Hülle des Blütenköpfchens 2–3 mm breit, fast kahl (3–4 mm breit, meist deutlich kurzhaarig), Blütenstand meist schon im oberen Drittel des Stengels locker verästelt (verkürzt, ziemlich dicht doldig verästelt). **Standort:** Krautreiche Buchen- und Buschen-Mischwälder, vor allem auf Schlägen und an Wegrändern. **Verbreitung:** Von den Alpen (bis 2000 m) bis zur Mittelgebirgsschwelle. Waldbodenbereiter. Der Name Greiskraut kommt von den grauhaarigen Fruchtständen.

Jakobs-Greiskraut
Senecio jacobaea

20–100 cm, Juli–Sept.
unten rechts

Merkmale: Die Unterscheidung von anderen hohen, gelbblühenden Arten ist nicht einfach; besonders leicht zu verwechseln mit dem Raukenblättrigen Greiskraut *(S. erucifolius)* und dem Wasser-Greiskraut *(S. aquaticus)* – letzteres nur an feuchten Standorten. Unterschiede (Raukenblättriges Greiskraut in Klammern): Außenhülle aus 1–4, sehr kurzen Blättchen (4–8, halb so lang wie die Hülle, etwas abstehend), Stengelblätter mit 4–5 Fiederpaaren und geteilten Öhrchen, oberseits meist kahl (tief 1–2fach fiederteilig, mit schmalen Blattzipfeln, ohne geteilte Blattöhrchen, ziemlich grauhaarig), Zungenblüten 10 mm lang oder fehlend (6–8 mm). **Standort:** Weiden, grasige Böschungen, Raine, an Waldsäumen und Straßenrändern. **Verbreitung:** Ganz Deutschland, in den Alpen bis 1570 m, im Nordwesten etwas lückig. Ausdauernd oder zweijährig, ohne nichtblühende Sprosse.

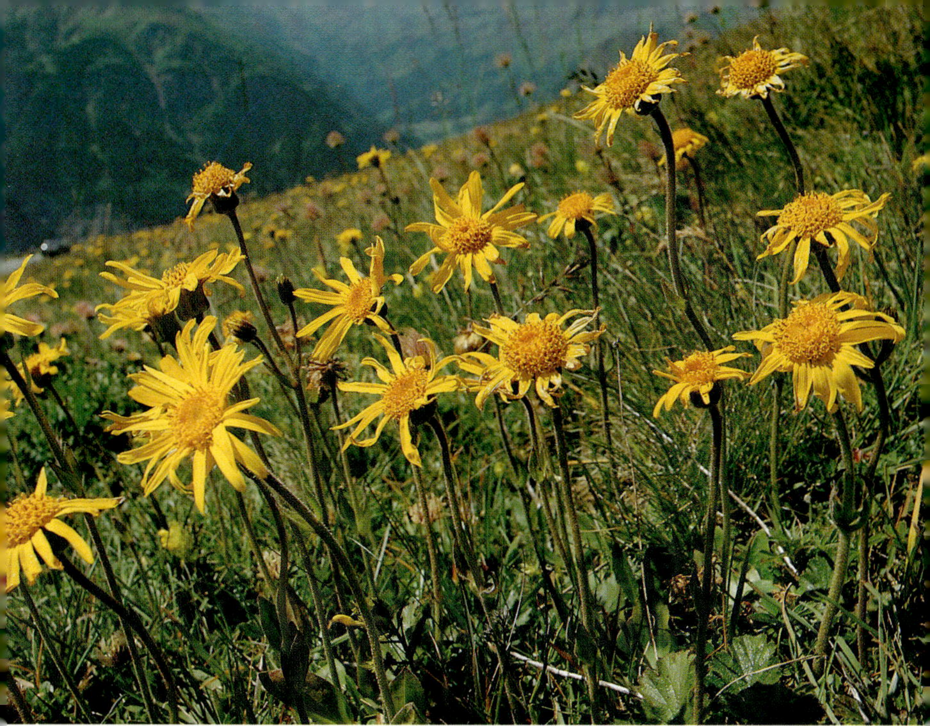
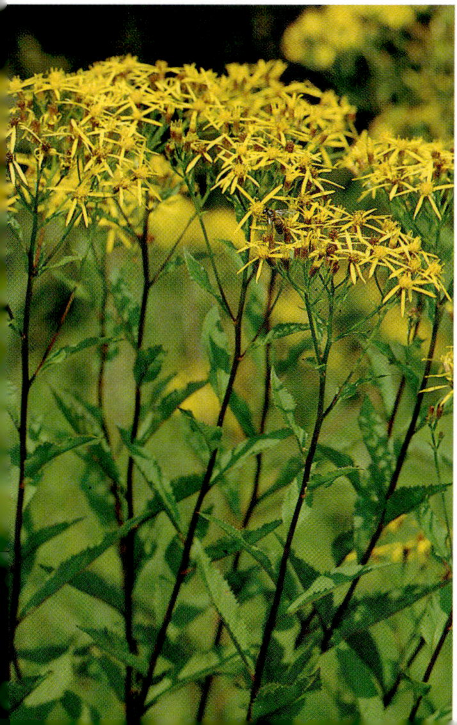
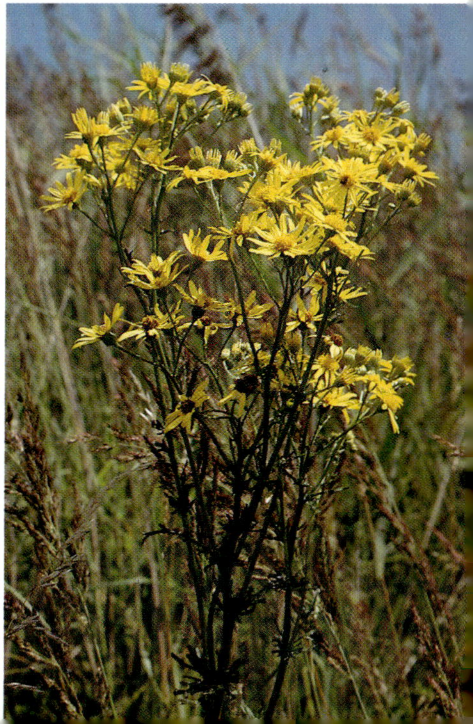

Nickender Zweizahn

Bidens cernua

10–100 cm, Aug.–Okt.
oben links

Merkmale: Die kleinen Sonnenblumen ähnelnden Blüten sind kaum zu verwechseln. 3 weitere Arten der Gattung, darunter der weit verbreitete Dreiteilige Zweizahn *(B. tripartita)* tragen ihre meist strahlenlosen Blüten steif aufrecht und besitzen 3–7teilige Blätter. **Standort:** An schlammigen See- und Teichufern, meist in Siedlungsnähe. **Verbreitung:** Vor allem im Süden und Norden, in der Mitte lückig und oft ausgerottet, in den Alpen bis 1100 m. Schlammboden-Pionier und alter Kulturbegleiter.

Gewöhnlicher Beifuß

Artemisia vulgaris

60–250 cm, Juli–Nov.
oben rechts

Merkmale: Die oft strauchartig hohen Gewächse mit rötlichbraunen Stengeln und silbrig erscheinendem Laub und Blüten sind recht auffällig. Man kann sie mit dem allerdings seltenen Wermut *(A. absinthium)* verwechseln; beide riechen aromatisch. **Standort:** An Wegen, Schutt- und Müllplätzen, auch an Ufern und im Auengebüsch. **Verbreitung:** Ganz Deutschland, in den Alpen bis 800 m.
Beliebtes Gänsebratengewürz. Leicht giftig.

Gewöhnliche oder Kohl-Gänsedistel

Sonchus oleraceus

30–100 cm, Juni–Okt.
unten links

Merkmale: Einer der vielen gelbblühenden Korbblütler vom Löwenzahntyp (nur Zungenblüten). Von anderen im Habitus ähnlichen Arten (z.B. Lattich- oder Pippau-Arten) unterscheiden sich die Gänsedisteln durch ei-kegelförmige Blütenköpfe, stachelige oder borstig gezähnte Blätter und stark zusammengedrückte Früchte. Von der recht ähnlichen Acker-Gänsedistel *(S. arvensis)* läßt sich die Gewöhnliche Gänsedistel durch den schon unten verästelten Stengel und die oft breit-dreieckige Blattspitze unterscheiden. **Standort:** Wege, Schuttplätze, Mauern, Äcker. **Verbreitung:** Ganz Deutschland, in den Alpen bis 900 m.
Einjährige, bis 1 m tief wurzelnde Pflanze. Gutes Viehfutter, früher auch als Gemüse gegessen.

Rainkohl

Lapsana communis

30–100 cm, Juni–Sept.
unten rechts

Merkmale: Von vielen ähnlichen Arten unterscheidet ihn sein Habitus mit ziemlich ausgebreiteten Blättern und fein verästeltem Blütenstand (worin er dem zierlicheren Mauerlattich, *Mycelis muralis*, ähnelt). **Standort:** Im schattigen Saum von Hecken und Wäldern, in Gärten und auf Äckern. **Verbreitung:** Ganz Deutschland, in den Alpen bis 1200 m.
Als Wildgemüse und Salat verwendbar.

Silberdistel, Große Eberwurz

Carlina acaulis

5–30 cm, Juni–Sept.

gesch.; oben

Merkmale: Hinreichend bekannt und nicht zu verwechseln. **Standort:** Sonnige Magerweiden und Magerrasen, an Wegen und Böschungen; auf sommerwarmen, vor allem basenreichen Lehmböden. **Verbreitung:** Alpen bis 2100 m, Alpenvorland, Schwarzwald und Jura, Bayerischer Wald, Nordhessen, Niedersächsisches Hügelland, Thüringen, südliches Anhalt, Sachsen, Brandenburg, Lausitz. In einer kalk- und einer silikatliebenden Unterart.
Ausdauernde Rosettenpflanze mit tiefreichender Pfahlwurzel. Schauwirkung durch zur Blütezeit abgestorbene, silberglänzende innere Hüllblätter, die sich bei Feuchtigkeit durch stärkere Quellung der Unterseite einkrümmen (Wetterdistel). Wurzelstock durch ätherisches Öl (Carlinaoxyd) aromatisch riechend und scharf und bitter schmeckend. In der Volksheilkunde als harntreibendes Mittel sowie in der Tiermedizin verwendet. Der Blütenboden wird von den Almhirten als »Jagerbrot« verzehrt. Der wissenschaftliche Name geht auf Karl den Großen zurück, in dessen Heer die Pflanze gegen die Pest eingesetzt wurde.

Golddistel, Kleine Wetterdistel

Carlina vulgaris

15–60 cm, Juli–Sept.

unten

Merkmale: Stengel meist mehrköpfig, Blütenkopf 2–3 cm breit. Nicht zu verwechseln. **Standort:** In sonnigen Magerrasen und Magerweiden, in Halbtrockenrasen, an Wegen und Waldrändern, in lichten Eichen- und Kiefernwäldern; meist auf kalkhaltigen Böden. **Verbreitung:** Ganz Deutschland, in den Alpen bis 1450 m, im Nordwesten selten bis fehlend.
Meist zweijährige Halbrosettenpflanze. Rohboden-Pionier, bis 40 cm tief wurzelnd. Auch diese Art kommt in mehreren Unterarten vor.

Große Klette

80–150 cm, Juli–Aug.

Arctium lappa

oben links

Merkmale: Die Vertreter der Gattung *Arctium* (4 heimische Arten) haben zwar distelartige Blütenköpfe, aber überhaupt nicht distelartige Blätter. Starke Ähnlichkeit mit der Großen Klette haben die ebenfalls rotviolett blühende Kleine Klette *(A. minus)* und die Hain-Klette *(A. nemorosum).* Im Gegensatz zu den markigen Blattstielen der Großen Klette haben sie beide hohle Stiele. Die in Wäldern vorkommende Hain-Klette kann bis 250 cm hoch werden. **Standort:** Staudenreiche Unkrautgesellschaften an Schuttplätzen, Wegen, Zäunen, Bahnanlagen, auch an Ufern. **Verbreitung:** Ganz Deutschland, in den Alpen bis 1100 m, im Nordwesten lückig.

Kulturbegleiter seit der jüngeren Steinzeit, in Mitteleuropa Alteinwanderer. Die bitterschmeckenden Wurzeln enthalten 27–45% Inulin als Reservestoff; früher Heilpflanze. Aus den Samen gewann man das genießbare Klettenöl. Junge Blätter und das Mark von Stengel und Wurzel auch als Gemüse.

Filzige Klette

60–120 cm, Juli–Sept.

Arctium tomentosum

oben rechts

Merkmale: Ähnlich den oben beschrieben Arten, aber Hüllblätter dicht spinnweb-wollig. **Standort:** Wie vorige Art; bevorzugt auf kalkreichen Lehmböden. **Verbreitung:** Ganz Deutschland, in den Alpen bis 1430 m, im Westen und Nordwesten lückig.

Bemerkung: Stromtalpflanze und Kulturbegleiter. Wie bei allen Kletten dienen die hakigen Hüllblätter der Samenverbreitung, indem sich der ganze Fruchtstand im Fell von Tieren verhakt.

Nickende Distel

30–100 cm, Juli–Sept.

Carduus nutans

unten

Merkmale: Unsere vielen überwiegend rotviolett bis purpur blühenden Disteln gehören überwiegend den Gattungen *Carduus* mit halbkugeligen Blütenköpfen und *Cirsium* mit walzlichen, oben meist verengten Blütenköpfen (s. folgende Doppelseite) an. Die Pappushaare der Samen sind einfach oder höchstens fein gezähnelt. Die Nickende Distel unterscheidet sich von 4 weiteren heimischen *Carduus*-Arten durch ihre nickenden Blütenköpfe. Weit verbreitet sind ferner Krause Distel *(C. crispus)* mit breiten, wenig stacheligen Blättern und Weg-Distel *(C. acanthoides)* mit schmalen, langstacheligen Blättern. **Standort:** Offene Unkrautfluren an Schutt- und Verladeplätzen, Böschungen auf übernutzten Magerweiden. **Verbreitung:** Ganz Deutschland, in den Alpen bis 1000 m, im Alpenvorland und im Nordwesten lückig.

Zweijährige Halbrosettenpflanze. Die Blütenkörbchen bestehen aus über 100 duftenden Einzelblüten und werden gerne von Hummeln und Faltern besucht. Samen sehr ölhaltig. Junge Blütenkörbchen wie Artischocken verwendbar. Die Samen sind ein beliebtes Vogelfutter (Stieglitz, Zeisig).

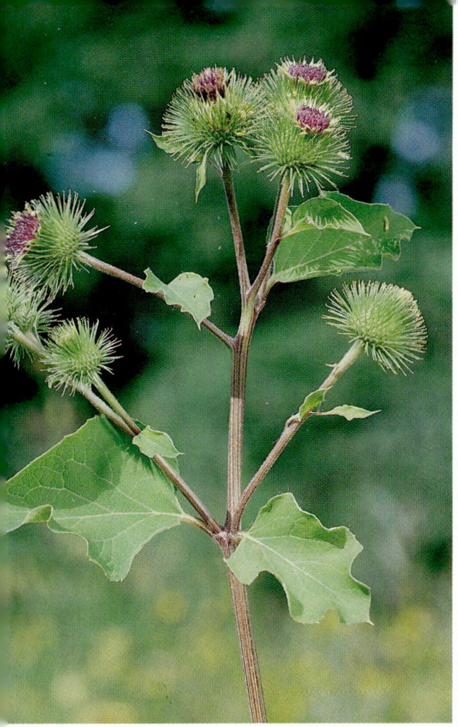

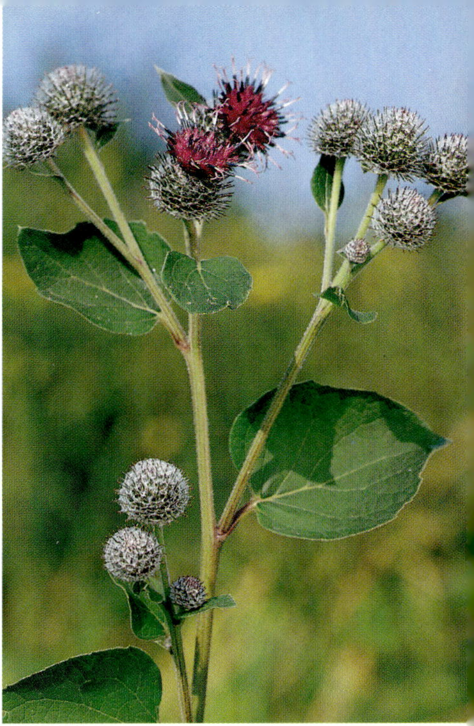

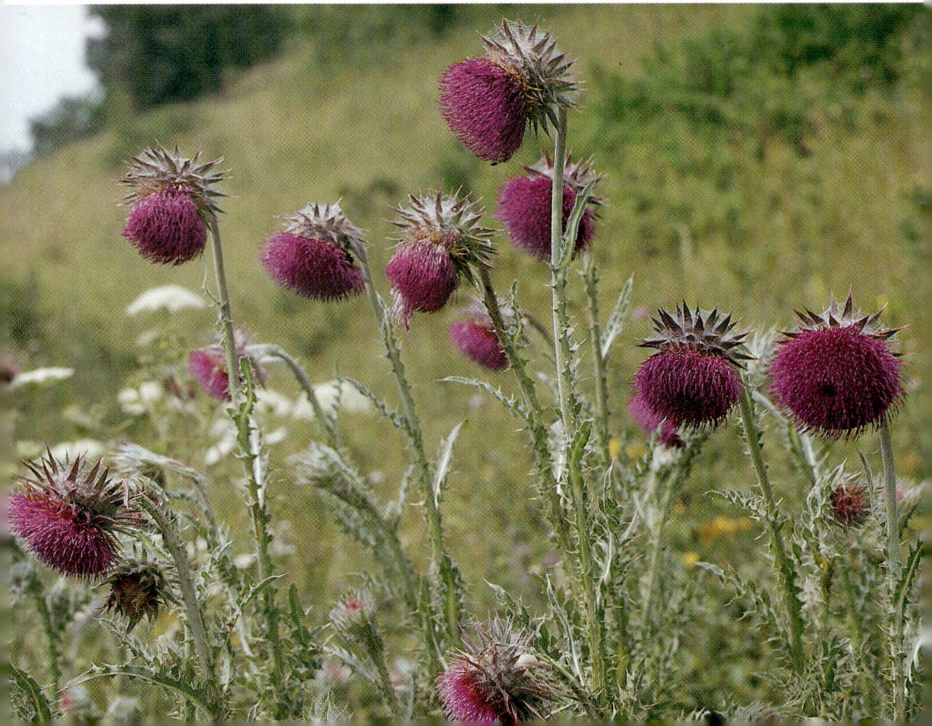

Gewöhnliche oder Lanzett-Kratzdistel
Cirsium vulgare

20–120 cm, Juni–Sept.
oben links

Merkmale: Die Disteln der Gattung *Cirsium* (Kratzdisteln) unterscheiden sich von denen der Gattung *Carduus* durch meist längliche Blütenköpfe sowie durch federig gefiederte Pappushaare der Samen (vgl. vorige Doppelseite). Ähnlich unserer Art ist die ebenfalls häufige Sumpf-Kratzdistel *(C. palustre)*, deren zahlreiche Blütenköpfe aber knäuelig gehäuft stehen. Die großen, kugeligen, wollig- behaarten Blütenköpfe der Woll-Kratzdistel *(C. eriophorum)* sind leicht zu unterscheiden. **Standort:** Wege, Dämme, Schuttplätze, Ufer, Waldschläge. **Verbreitung:** Ganz Deutschland, in den Alpen bis 1300 m. Nitratzeiger, Lichtpflanze.

Kohl-Kratzdistel, Kohldistel
Cirsium oleraceum

50–150 cm, Juni–Sept.
oben rechts

Merkmale: Als eine der wenigen gelbblühenden Disteln leicht zu erkennen. **Standort:** Naßwiesen und Auwälder, in Staudenfluren an Bachufern und feuchten Waldrändern. **Verbreitung:** Ganz Deutschland, in den Alpen bis 2000 m.
Gelbgrüne Hochblätter umhüllen kohlblattartig die Blütenköpfe (Name). Wurden auch als Viehfutter und Gemüse genutzt.

Acker-Kratzdistel
Cirsium arvense

60–120 cm, Juli–Sept.
unten

Merkmale: Ähnlich ist die Bach-Kratzdistel *(C. rivulare)*, deren Blüten aber mehr purpurrot und deren Blätter tief fiederspaltig sind. **Standort:** Äcker, Wege, Schuttplätze, Bahnanlagen, Waldschläge, Ufer. **Verbreitung:** Ganz Deutschland, in den Alpen bis 1350 m. Die Bach-Kratzdistel kommt nur in Süddeutschland vor.
Bis fast 3 m tief wurzelnde, ausdauernde Pflanze. Normalerweise zwittrige Blüten, aber auch weibliche Pflanzen mit kleineren Köpfchen. Die Samen sind Schirmchenflieger, die bis zu 10 km weit fliegen.

Kornblume

30–60 cm, Juni–Okt.

Centaurea cyanus

RL 3; oben

Merkmale: Allgemein bekannt (vgl. aber Berg-Flockenblume unter nächster Art). **Standort:** Unbeständig in Getreidefeldern, auch an Schuttplätzen; auf nährstoffreichen, aber meist kalkarmen Böden. **Verbreitung:** Ganz Deutschland, in den Alpen bis 700 m.

Einjähriger, sommer- oder winteranueller Tiefwurzler. Kulturbegleiter seit der jüngeren Steinzeit. Heimat Nordosteurasisch, mediterran. Blaufärbung der sterilen Randblüten durch Anthocyanidin und das sehr lichtempfindliche Cyanidin. Staubfäden wie bei allen Arten der Gattung leicht reizbar: Durch plötzlichen Zellüberdruck werden sie nach außen gebogen. Der feststehende Griffel schiebt dann den nach innen entleerten Pollen aus der Staubbeutelröhre heraus. Die Randblüten sind vergrößerte Röhrenblüten, keine Zungenblüten. Die Blüten werden hauptsächlich kurz vor Mittag von Insekten besucht. Die Samen enthalten bis 28% Öl. Die Blüten sind Bestandteil von Teemischungen. Als Zierpflanze in Gärten.

Wiesen-Flockenblume

20–150 cm, Juni–Nov.

Centaurea jacea

unten

Merkmale: Verwechslungsmöglichkeiten bestehen nicht nur mit anderen, meist selteneren Flockenblumen, sondern auch mit der allerdings viel kleinblütigeren Färberscharte *(Serratula tinctoria)*. Die meisten der etwa 14 weiteren heimischen Flockenblumen-Arten sind selten und kommen nur lokal vor. Zu den häufigeren und weiter verbreiteten Arten gehören die Skabiosen-Flockenblume *(C. scabiosa*, mit fiederteiligen Blättern), die Schwarze Flockenblume *(C. nigra*, mit schwarzbraunem Hüllblattkörbchen, nur im Südwesten und Westen), die Perücken-Flockenblume *(C. pseudophrygia*, mit »wuscheligem«, braunem Hüllblattkörbchen, Alpen und Vorland, sonst selten), die Berg-Flockenblume *(C. montana*, mit kornblumenblauen Blüten und einköpfigen Stengeln). **Standort:** Wiesen und Weiden, Magerrasen und Moorwiesen. **Verbreitung:** In mehreren Unterarten in ganz Deutschland, in den Alpen bis 1860 m.

Neben zwitterblütigen Pflanzen kommen auch rein weiblich oder männliche vor (dreihäusig). Geht durch Düngung überall zurück.

Wegwarte

30–150 cm, Juli–Okt.

Cichorium intybus

oben

Merkmale: Die himmelblauen Blütensterne an den sparrigen, oft wenig beblätterten Stengeln sind unverkennbar. Eine Verwechslung mit der gelegentlich verwildernden Endivie *(C. endivia)* ist möglich. Die Grundblätter der Wegwarte sind löwenzahnartig gezackt, die der Endivie nur gezähnt. **Standort:** Wegränder, Schuttstellen, übernutzte Weiden, lückige Unkraut- und Trittgesellschaften. **Verbreitung:** Ganz Deutschland, in den Alpen bis 900 m, im Nordwesten lückig.

Ausdauernde, tief wurzelnde Pflanze mit Milchsaft. Die Blüten bestehen nur aus Zungenblüten. (Man faßt alle Korbblütler ohne Röhrenblüten als Zungenblütler oder Cichorioideae zusammen.) Bei Wärme sind die Blüten nur einen Vormittag geöffnet. Alte Kulturpflanze: Die geröstete Wurzel wurde als Kaffee-Ersatz verwendet. Als Salat-Zichorie (Chicoree) von größter Bedeutung.

Kleines Habichtskraut, Mausöhrchen

5–30 cm, Mai–Okt.

Hieracium pilosella

unten links

Merkmale: Kleines, löwenzahnähnliches Gewächs, dessen Blüten aber mehr schwefelgelb und dessen Blätter ganzrandig sind. Alle Teile, auch die Hüllblättchen sind graufilzig oder borstenhaarig. Die Außenseite der Blütenblätter ist meist rot gestreift. Die Pflanzen bilden beblätterte Ausläufer. Auf Unterscheidungsmerkmale gegenüber der großen Zahl weiterer Habichtskräuter kann hier nicht eingegangen werden. **Standort:** Sonnige Magerrasen, selten auch im lichten Gebüsch oder in Kieferwäldern, auf Weiden, an Wegen, in Heiden. **Verbreitung:** Ganz Deutschland, in den Alpen bis 2100 m.

Es gibt in Mitteleuropa über 300 Habichtskraut-Arten, die man gewöhnlich in hohe (echte) und niedrige (Mausohr-Habichtskräuter) einteilt. Schöne Wildgartenpflanze für sonnige Mauern und andere Trockenstandorte.

Wiesen-Bocksbart

30–70 cm, Mai–Juli

Tragopogon pratensis

unten rechts

Merkmale: Eine hohe, auffällige Wiesenpflanze mit langen, schmalen Blättern (wodurch er sich vom noch häufigeren Wiesen- Pippau, *Crepis biennis*, mit löwenzahnartigen Blättern unterscheidet). Typisch ist auch die Form der Knospen. Der seltene Große Bocksbart *(T. dubius)* hat oben keulig verdickte, hohle Blütenkopfstiele. **Standort:** Fettwiesen, auch Dämme und Wegränder. **Verbreitung:** Ganz Deutschland, in den Alpen bis 1700 m, im Nordwesten etwas lückig.

Der noch geschlossene Fruchtstand erinnert an einen Bocksbart. Junge Stengel, Blätter und Knospen schmecken süßlich und sind roh und als Gemüse eßbar. Auch die der Schwarzwurzel ähnliche Rübe ist genießbar.

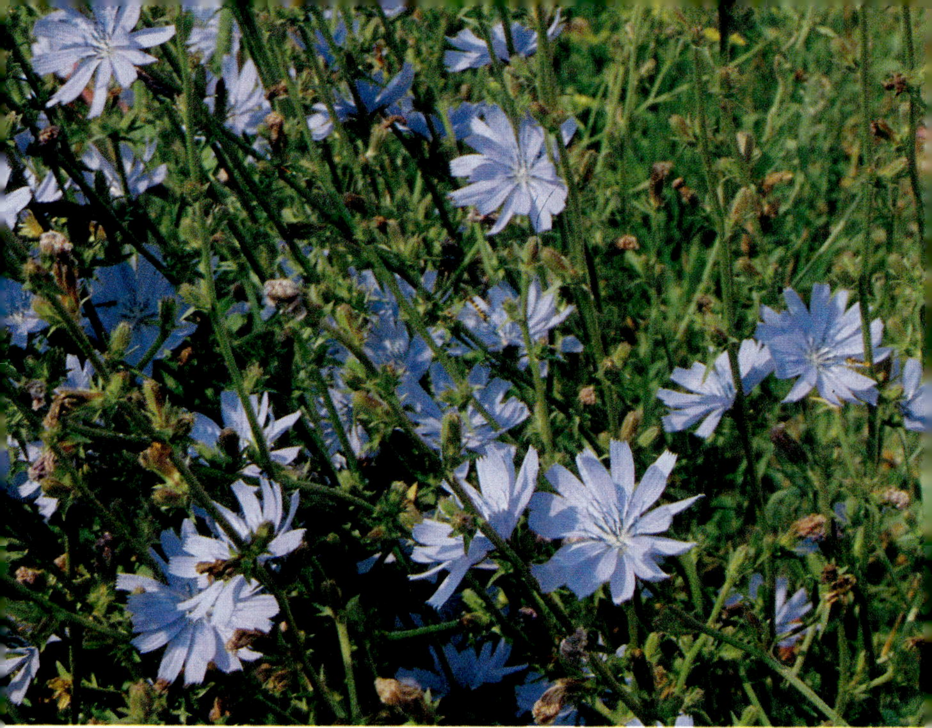

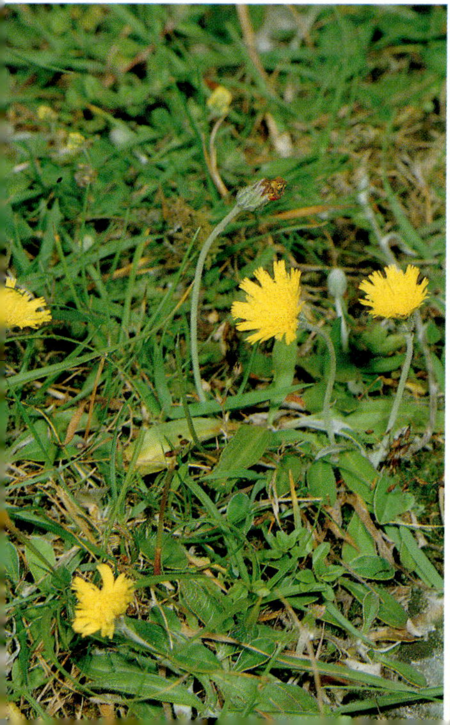

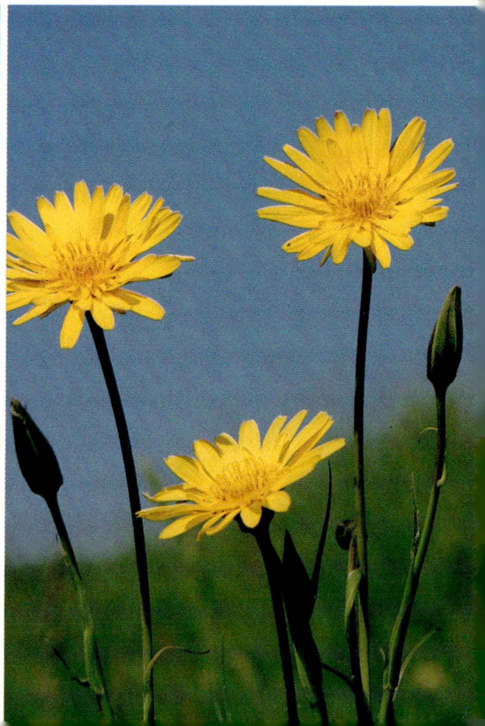

Wiesen-Löwenzahn, Kuhblume

5–40 cm, April–Juli
Taraxacum officinale
oben Blüten, unten links Fruchtstand

Merkmale: Allgemein bekannt. Allerdings werden viele mehr oder weniger ähnliche Arten damit verwechselt. Typisch sind die massigen Blätter, die dicken, hohlen Stengel und das aspektbildende Massenvorkommen auf vielen Wirtschaftswiesen. Die Gattung selbst ist arten- und formenreich und in all ihren Differenzierungen nur dem Fachmann zugänglich. **Standort:** Fettwiesen und Fettweiden, auch Unkrautfuren an Wegen und in Äckern. **Verbreitung:** Ganz Deutschland, in den Alpen (als Kleinform) bis über 2500 m. Ausdauernde Rosettenpflanze mit verdickter, bis 2 m tief reichender Pfahlwurzel. Vielfach Jungfernzeugung. Die Samen mit Schirmchen fliegen bis 10 km weit. Der Milchsaft wurde zeitweilig zur Kautschukherstellung verwendet. Durch Überdüngung und Bodenverdichtung wird die Art sehr gefördert. Geschätzte Bienenweide (125000 Blütenköpfe bringen 1 kg Honig). Aus den jungen Blättern läßt sich ein schmackhaft-bitterer Salat bereiten. Die Wurzel wird als Bittermittel bei Lebererkrankungen verwendet (wirkt wie Gallenflüssigkeit) und kann geröstet als Kaffee-Ersatz benutzt werden. Die Blüten wurden früher zum Butterfärben verwendet (Butterblume).

Rauher oder Steifhaariger Löwenzahn

15–45 cm, Juli–Okt.
Leontodon hispidus
unten rechts

Merkmale: Viel zarter als vorige Art, vor allem die Stengel. Der ähnliche, weit verbreitete Herbst-Löwenzahn *(L. autumnalis)* unterscheidet sich vom Rauhen Löwenzahn durch meist gabelästige und mit mehreren Blattschuppen besetzte Blütenstengel. Der Nickende Löwenzahn (*L. saxatilis*, Norddeutschland) ist kleiner und blüht zitronengelb. **Standort:** Fettwiesen und Weiden, Parkrasen, Halbtrockenrasen, Moor- und Naßwiesen, im Gebirge auch im Steinschutt. **Verbreitung:** Ganz Deutschland, in den Alpen (als gedrungene Unterart) bis 2200 m.
Nur diese Gattung trägt auch als wissenschaftlichen Namen die Bezeichnung Löwenzahn (»leo« = Löwe, »dons« = Zahn), die sich auf die grob gezähnte Form der Blätter bezieht.

Wald-Gelbstern, Wald-Goldstern

10–30 cm, April–Mai

Gagea lutea

oben links

Merkmale: Die Blüten sind unverkennbar. Verwechslungsmöglichkeiten bestehen lediglich mit anderen Gelbstern-Arten. Am ähnlichsten ist der Wiesen-Gelbstern *(G. pratensis)*; Unterschiede: Wald-Gelbstern Grundblatt 5–10 mm breit, Blattgrund weiß, nur 1 Zwiebel; Wiesen-Gelbstern Grundblatt 3–5 mm breit, Blattgrund weinrot, 2 Nebenzwiebeln. Acker-Gelbstern *(G. arvensis)* und Scheiden-Gelbstern *(G. spatacea)* haben 2 stielrunde, bzw. 2 fädige Grundblätter. (Zwei weitere Arten sind selten.) **Standort:** Edellaubholzreiche Wälder, Gebüsche und Gebüschsäume, auch in alten Obstgärten; oft gemeinsam mit Blaustern, Lerchensporn und Busch-Windröschen. **Verbreitung:** Ganz Deutschland, in den Alpen bis 1450 m. Wiesen- und Acker-Gelbstern fehlen im südlichsten Teil und im Nordwesten bzw. Norden; der Scheiden-Gelbstern kommt nur nördlich des Mains vor.

Türkenbund

40–100 cm, Juni–Juli

Lilium martagon

gesch.; oben rechts

Merkmale: Blüten und Habitus unverwechselbar. **Standort:** Krautreiche Laub- oder Nadelwälder des Berglandes, subalpine Hochstauden-Gesellschaften; auf sickerfrischen, nährstoff- und basenreichen, humosen Lehmböden. **Verbreitung:** Vor allem in Kalkgebieten, ferner Südschwarzwald (bis 1450 m), in den Alpen bis zur Baumgrenze, im Norden selten, fehlt in Schleswig-Holstein und Mecklenburg; vielfach aus Gärten verwildert.
Die Blüten werden oft von Schwärmern besucht und bestäubt.

Herbstzeitlose, Zeitlose

5–40 cm, Aug.–Nov.

Colchicum autumnale

unten links Blüten, rechts Früchte

Merkmale: Schon die Blütezeit läßt eine Verwechslung kaum zu. Von herbstblühenden Krokus-Arten unterscheiden sie die 6 (statt 3) Staubblätter, die sehr lange, nackte Blütenröhre und die zur Blütezeit stets fehlenden Blätter. Die ähnliche Alpen-Herbstzeitlose *(C. alpinum)*, die in den Westalpen und in Gebirgen Südeuropas vorkommt, ist in allen Teilen wesentlich kleiner, ihre freien Blütenblätter sind nur 2–3 cm lang. Blätter und massige Fruchtkapseln erscheinen im April–Juni. **Standort:** Wiesen und (weniger häufig) Auwälder; auf wechselfeuchten, nährstoffreichen, tiefgründigen Lehmböden. **Verbreitung:** Nur südlich der deutschen Mittelgebirgsschwelle, in den Alpen bis 1400 m.
Die Pflanze enthält in allen Teilen, vor allem in Samen und Wurzeln, das starke, jahrelang beständige Zell- und Kapillargift Colchicin; 1–5 g Samen sind für den Menschen tödlich; Wirkung erst nach Stunden, Tod nach 1–2 Tagen.
Die bis zur Knolle reichenden Blüten können über 20 cm lang werden und gehören damit zu unseren längsten Blüten. Der Pollenschlauch benötigt Monate bis zum Erreichen der Samenanlage (Befruchtung erst im Winter!).

Vielblütige Weißwurz

Polygonatum multiflorum

30–80 cm, Mai–Juni
oben Blüte, unten links Früchte

Merkmale: Vom ähnlichen, aber weit weniger verbreiteten, wärmeliebenden Salomonssiegel *(P. odoratum)* unterscheidet sich die Vielblütige Weißwurz durch runden (statt kantigen) Stengel, durch geruchlose (statt duftende) Blüten und durch 3–5 (statt 1–2) Blüten je Stielchen. Die verwandte Quirl-Weißwurz *(P. verticillatum)* ist durch ihre schmalen, im Quirl stehenden Blätter leicht zu unterscheiden. Der ähnliche Knotenfuß *(Streptopus amplexifolius)* ist sofort an dem merkwürdigen Knick im Blütenstiel zu erkennen und ist im wesentlichen auf den Alpenbereich beschränkt. **Standort:** Krautreiche Buchen-, Eichen- und Nadelmischwälder; auf frischen, nährstoffreichen, lockeren Lehmböden. **Verbreitung:** Ganz Deutschland, in den Alpen bis 1800 m.

An den Knoten des weißen Rhizoms, die Jahreszuwächse kennzeichnen, kann man das Alter einer Pflanze ablesen. Die siegelförmigen Narben sind die Stellen, an denen die Blütensprosse ansetzten. In der Sage ist das Rhizom die »Springwurz«, die nur der Specht zu finden vermag, und die seinem Besitzer jede Tür öffnet. Alle Teile, vor allem die Beeren sind giftig. Meist männliche und weibliche Pflanzen (zweihäusig). Als Wildgartenpflanze geeignet.

Bärlauch, Bären-Lauch

Allium ursinum

20–50 cm, Mai–Juni
unten rechts

Merkmale: Das beste Kennzeichen ist der starke Lauchgeruch, an denen auch die Blätter etwa von denen des Maiglöckchens (vgl. S. 172/173) leicht zu unterscheiden sind. Von fast allen anderen Lauch-Arten unterscheidet ihn die weiße (statt violette) Blütenfarbe und das breite Blatt. **Standort:** Krautreiche Laub-, Bergmisch- und Auwälder; auf sicker- oder grundwasserfeuchten, nährstoffreichen, locker-humosen Lehmböden. **Verbreitung:** Etwas lückig südlich der Mittelgebirgsschwelle, im Norddeutschen Tiefland nur vereinzelt.

Im Gegensatz zu vielen anderen frühen Geophyten des Laubwaldbodens, erscheinen beim Bärlauch zuerst die Blätter und dann die Blüten; entsprechend klein ist seine Zwiebel, die nicht auch Reservestoffe zur Blütenbildung vorhalten muß. Bald nach der Blüte verschwinden auch die Blätter. Als Brotbelag, Salat- und Quarkgewürz sind die jungen Blätter vor der Blüte bestens geeignet.

Maiglöckchen

Convallaria majalis

10–20 cm, Mai–Juni

gesch.; oben Blüten, unten links Früchte

Merkmale: Die blühende Pflanze ist unverwechselbar und allgemein bekannt. Auf die Ähnlichkeit der Blätter mit denen des Bärlauchs wurde schon hingewiesen (vgl. S. 170). Die orangeroten Beeren könnten mit denen des Aronstabs (vgl. S. 186/187) verwechselt werden. **Standort:** Sonnig-warme Eichen- und Buchenwälder sowie deren Säume besonders in Tieflagen; auf tiefgründig lockeren, humosen, meist kalkarmen Lehm-, Sand- und Steinböden. Sommerwarme Klimalagen werden bevorzugt. **Verbreitung:** Ganz Deutschland.

Bis 50 cm tief wurzelnd. Die ganze Pflanze ist giftig durch herzwirksame Digitalis-Glykoside und Saponine. Den stark duftenden Blüten fehlt der Nektar. Dafür befindet sich am Grund des Fruchtknotens saftreiches Gewebe, das ebenfalls von Insekten genutzt wird. Der Pollen rieselt aus den hängenden Blüten auf die Insekten. Großblütige Formen sind als Gartenpflanze beliebt. Verschiedentlich findet man aus Gärten verwilderte Maiglöckchen. Die Blüten dienen der Parfümherstellung, die Pflanze auch heute noch zur Arzneiherstellung. Die getrockneten Blüten waren niesreizerregender Bestandteil des »Schneeberger Schnupftabaks«.

Schattenblümchen

Maianthemum bifolium

5–20 cm, Mai–Juni

unten rechts

Merkmale: Dieses kleine, aber oft in großen Beständen auftretende Pflänzchen ist kaum zu verwechseln. Selbst ohne Blüten sind die am Grund tief eingebuchteten, vorne spitzen, leicht glänzenden Blätter gut zu erkennen, zumal immer nur zwei an einem Blütenstengel stehen. **Standort:** Laub- und Nadelwälder mit artenarmer Krautschicht; auf nährstoffarmen, aber bevorzugt basenreichen Moderhumusböden. **Verbreitung:** Ganz Deutschland.

Das Schattenblümchen ist in allen Teilen giftig, vor allem in den roten Beeren. Die kleinen, wohlriechenden Blüten sind nicht wie bei den meisten anderen Einkeimblättrigen 3zählig, sondern 4zählig. Bestäubt werden sie meist durch kleinere Fliegen. Neben der Samenvermehrung spielt die vegetative Ausbreitung durch den dünnen, kriechenden Wurzelstock eine wichtige Rolle.

Einbeere

10–30 cm, Mai–Juni

Paris quadrifolia

oben Blüten, unten links Früchte

Merkmale: Die 4 (–5) im Quirl stehenden, breiten, netznervigen Blätter und die sich darüber erhebende Blüte machen diese Laubwaldpflanze unverwechselbar. Ihre Blätter stellen unter den Einkeimblättrigen mit normalerweise schmalen, parallelnervigen Blättern eine Ausnahme dar. Auch die Blüten sind meist 4zählig, oft aber auch 3- oder 5zählig, selten auch 2zählig. Man kann an ihnen sehr schön den Aufbau in Kelchblatt-, Kronblatt-, Staubblatt- und Fruchtblattkreis (letzterer zu einem Fruchtknoten verwachsen) studieren, wobei hier die Kelchblätter die Kronblätter an Größe übertreffen. **Standort:** Laubmischwälder und Gebüsche; auf feuchten, nährstoff- und basenreichen, locker-humosen Lehmböden; bis 50 cm tief wurzelnd. **Verbreitung:** Ganz Deutschland, im Nordwesten zerstreut, von der Ebene bis ins Gebirge, in den Alpen bis über 1800 m.

Die Einbeere lebt in Symbiose mit einem Wurzelpilz, der ihr Nährstoffe aus verrottenden Abfällen zuführt. Überwinterungsorgan ist ein Wurzelstock (Rhizom). Die Pflanze ist giftig, vor allem Beere und Rhizom, insbesondere für Insekten und Fische; man hat die getrockneten Beeren daher auch als Insektizid verwendet (»Pestbeere«). Die Form der Blüte wird als Fliegentäusch-Blume gedeutet. Die stahlblauen Beeren sind ab Juli reif, und die Samen werden wie bei allen Beeren durch Vögel verbreitet (Verdauungsverbreitung).

Blaustern, Sternhyazinthe

10–20 cm, März–April

Scilla bifolia

unten rechts

Merkmale: Es besteht eine entfernte Ähnlichkeit mit Traubenhyazinthen *(Muscari)* und Hasenglöckchen *(S. non-scripta)*, deren kleine Glöckchenblüten jedoch zu dichten Blütenständen vereint sind. Der im Herbst blühende Herbst-Blaustern *(S. autumnalis)* unterscheidet sich durch die Zahl der Blüten (15–30, statt 2–7) und durch seine 3–6 fädigen Blätter, die sich im Frühjahr entwickeln. Wie der Name sagt (»bifolia«), besitzt unsere Art nur zwei Blätter. Selten kommen auch weiße oder rosa Blüten beim Blaustern vor. **Standort:** Gesellig in Auwäldern und auf Auenwiesen, in krautreichen Eichen- und Buchenwäldern; oft gemeinsam mit Windröschen, Gelbstern oder Schlüsselblume. **Verbreitung:** Zerstreut, vor allem in Flußtälern im südlichen, mittleren und östlichen Deutschland, fehlt in Norddeutschland.

In Gärten werden neben unseren beiden heimischen Blaustern-Arten auch verschiedene Arten aus anderen Erdteilen gehegt. Vielfach kommt es zur Verwilderung.

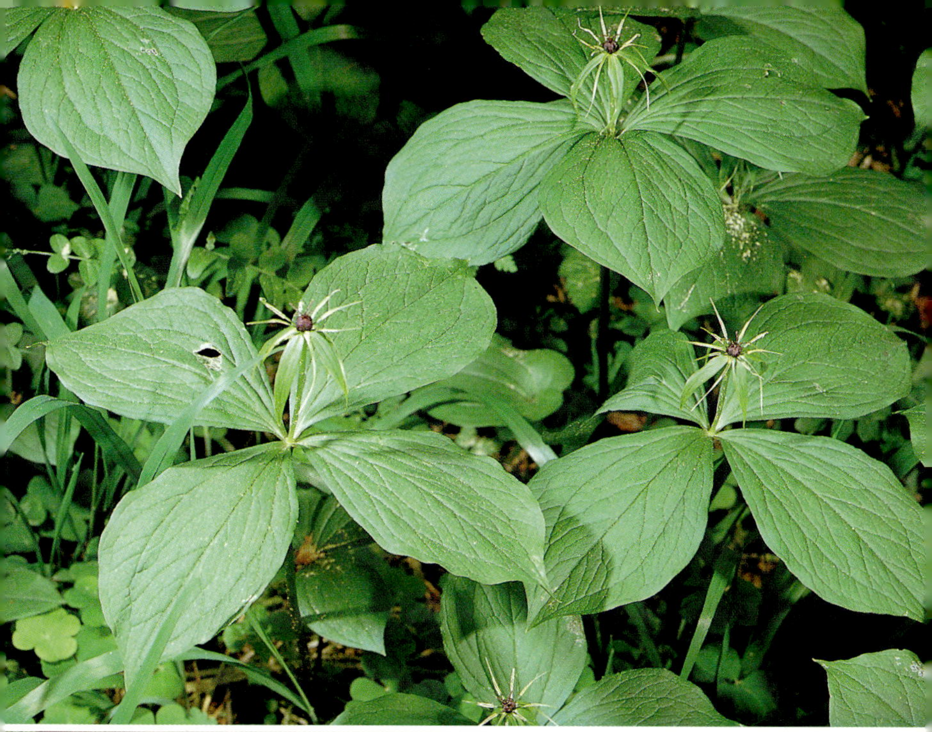
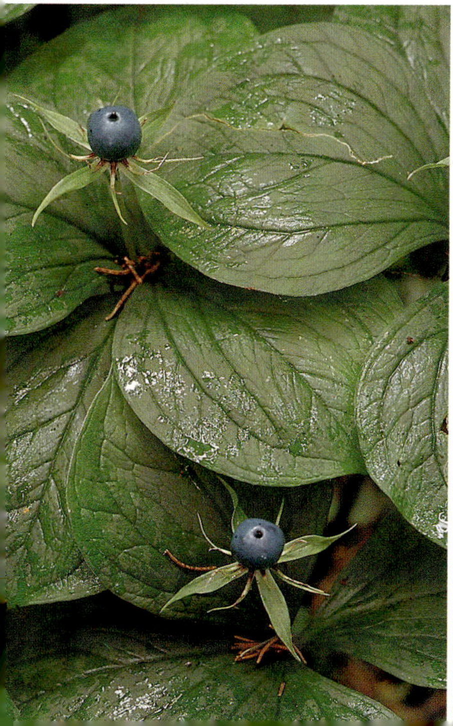
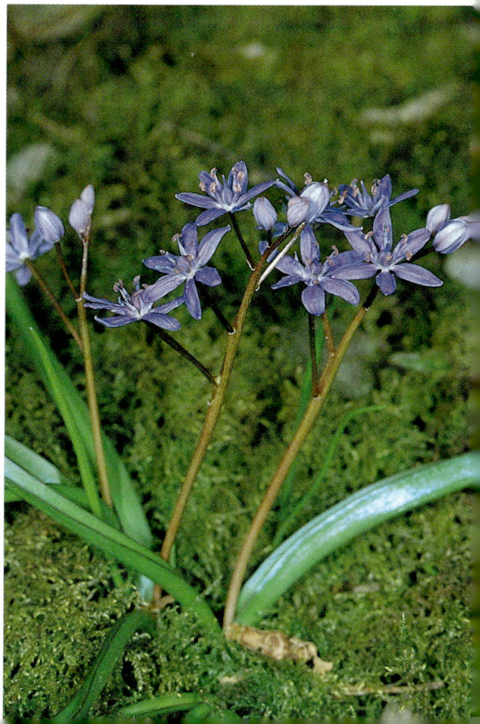

Sumpf-Schwertlilie, Gelbe Schwertlilie
Iris pseudacorus

50–100 cm, Mai–Juni
oben

Merkmale: Bei unserer einzigen wildlebenden gelben Schwertlilie ist eine Verwechslung allenfalls mit Gartenformen möglich. Von der an ähnlichen Standorten vorkommenden, blauen Sibirischen Schwertlilie *(I. sibirica)* unterscheiden sie schon die wesentlich kräftigeren, 10–30 mm breiten Blätter, die bei der Sibirischen Schwertlilie nur 2–8 mm breit sind. **Standort:** Wald- und Wiesensümpfe, Verlandungsröhrichte, Großseggen-Gesellschaften, an Gräben und Ufern; auf Sumpfhumusböden. **Verbreitung:** Ganz Deutschland. Die Gelbe Schwertlilie ist eine etwas wärmeliebende Licht- und Halbschattenpflanze mit kräftigem Speicherrhizom. Die Blätter enthalten scharf schmeckende Giftstoffe, die auch in der getrockneten Pflanze noch wirksam sind und beim Vieh blutige Durchfälle verursachen. Die Blüte besteht aus 3 mächtig entwickelten äußeren und 3 schmalen inneren Perigonblättern sowie 3 kronblattartigen Griffelästen. Der Nektar ist in einer engen Blütenröhre verborgen und nur Hummeln zugänglich. Die flachen Samen können unter Beibehaltung ihrer Keimfähigkeit bis zu 12 Monate im Wasser schwimmen. Daneben vegetative Vermehrung durch Rhizome und Rhizomteile. Die gerbstoffreichen Rhizome wurden zum Gerben verwendet.

Frühlings-Knotenblume, Märzbecher
Leucojum vernum

10–30 cm, Febr.–April
RL 3, gesch.; unten

Merkmale: Von der ähnlichen Sommer-Knotenblume *(L. aestivum)*, die bei uns allerdings nur (eingeschleppt) an einigen Stellen am Oberrhein vorkommt, unterscheidet sich unsere Art durch frühere Blütezeit, nur 1–2 Blüten je Stengel (statt 3–7) und geringere Größe (Sommer-Knotenblume 30–50 cm). Das Schneeglöckchen *(Galanthus nivalis)* hat 3 reinweiße, große und 3 kleine Blütenblätter, während beim Märzbecher alle 6 gleich groß und mit gelblich-grüner Spitze versehen sind. Außerdem besitzt das Schneeglöckchen nur 2 Blätter, der Märzbecher 3–4. **Standort:** Gesellig in Auen- und Schluchtwäldern, feuchten Laubmischwäldern und Gebüschen, auch auf sickerfeuchten Wiesen und an Ufern. **Verbreitung:** Zerstreut im mittleren und südlichen Deutschland, im Westen selten, im Norden fehlend.
Da die Knotenblume auch oft im Garten gehalten wird, findet man sie da und dort auch verwildert. Die Zwiebel liegt etwa 20 cm tief im Boden. Die Pflanze enthält herzwirksame Glykoside. Die Blüten riechen veilchenartig.

176

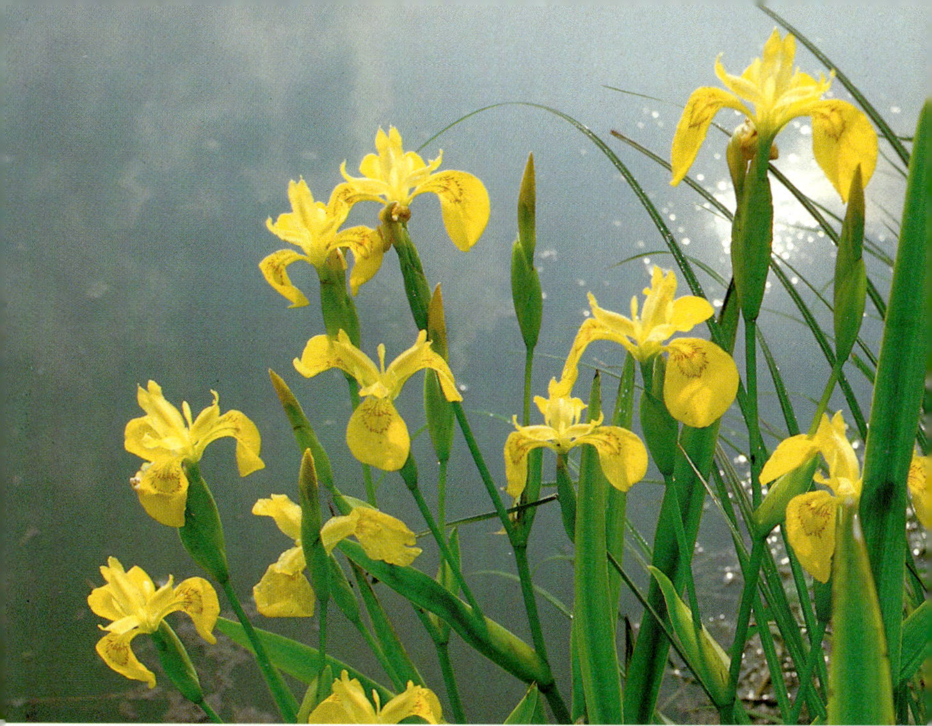

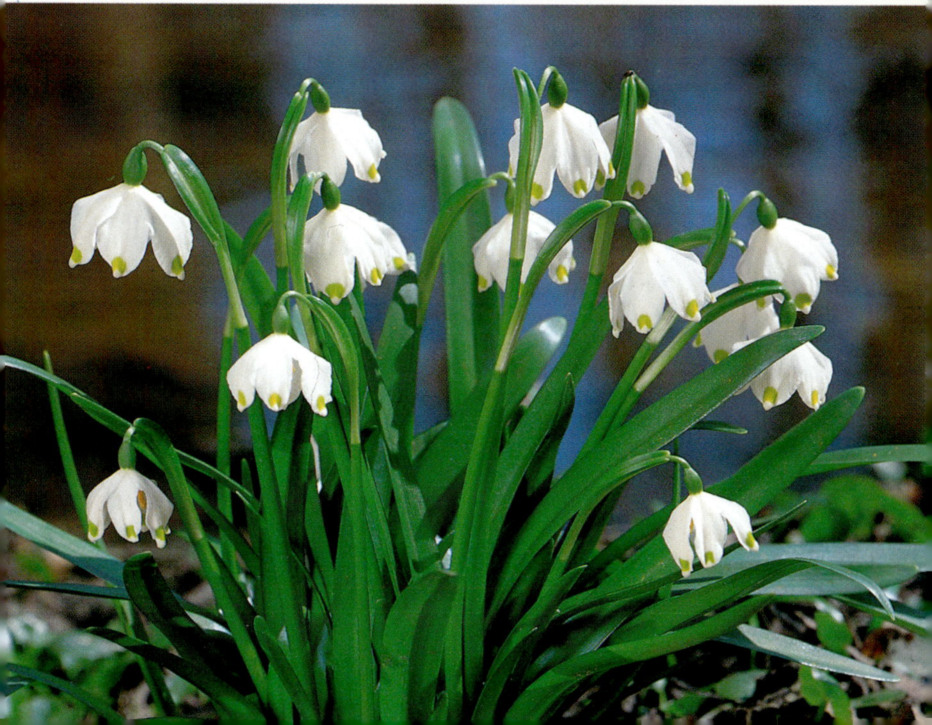

Frauenschuh

Cypripedium calceolus

15–50 cm, Mai–Juni
RL 2, gesch.; oben

Merkmale: Unverwechselbar. **Standort:** Gras- oder krautreiche, mehr oder weniger lichte Laub- oder Nadelwälder, Gebüsch; auf sommertrockenen, kalkhaltigen Humusböden. **Verbreitung:** Zerstreut im südlichen und mittleren Deutschland, im Westen nur vereinzelt, im Norden fehlend; in den Alpen bis 1500 m.

Die auffällig gefärbten und merkwürdig geformten Blüten gehören mit einer Länge von bis zu 8 cm zu den größten unserer Flora. Wie bei den meisten Orchideen dreht sich die Blüte des Frauenschuhs beim Öffnen um 180°; der gelbe »Schuh« ist also eigentlich das obere innere Perigonblatt. Er dient mit seinen glatten Wänden als Insektenfalle. Vor allem Bienen geraten durch das Loch an der Basis in die Falle. Ein helles Fenster täuscht den Ausgang vor; der Weg zu ihm führt über Narbe und klebrige Pollenmasse. Die winzigen Samen sind so leicht, daß sie bis zu 10 km mit dem Wind verdriftet werden.

Sumpf-Stendelwurz

Epipactis palustris

30–50 cm, Mai–Aug.
RL 3, gesch.; unten links

Merkmale: Die 10–20 mm lange, weiße Lippe ist rötlich geädert und tief eingeschnürt. Dadurch unterscheidet sich diese Art von den grünlich, rötlichbraun oder violett blühenden 4 anderen heimischen *Epipactis*-Arten. **Standort:** Meist gesellig in Flachmooren und Moorwiesen; auf wechselnassen, meist kalkreichen Sumpfhumusböden. **Verbreitung:** Zerstreut (vielerorts ausgerottet), nur im Süden noch verbreitet; in den Alpen bis 1300 m.

Die Sumpf-Stendelwurz (auch Sumpf-Sitter oder Echte Sumpfwurz) gehört zu unseren schönsten Blumen. Wie andere Orchideen besitzt sie Wurzelpilze, die bei der Keimung der winzigen, fast nährstofflosen Samen mitwirken.

Breitblättrige Stendelwurz

Epipactis helleborine

20–75 cm, Juni–Aug.
gesch.; unten rechts

Merkmale: Die Unterscheidung gegenüber den oft als Unterarten betrachteten Formen (*E. leptochila* und *E. muelleri*) ist nur dem Erfahrenen möglich. Eine gewisse Ähnlichkeit besteht auch zur Violetten Stendelwurz *(E. purpurata)*, die aber insgesamt meist erheblich violetter ist, auch an Stengel und Blatt, kleinere und schmälere Blätter besitzt, oft in Büscheln wächst und später blüht. Das ebenfalls grünlich blühende und breitblättrige Zweiblatt *(Listera ovata)* hat nur 2 Blätter und viel kleinere, sehr langlippige Blüten. **Standort:** Krautreiche Eichen- und Buchenwälder, auch Nadelmisch- und Auwälder; auf frischen, nährstoff- und basenreichen Mullböden. **Verbreitung:** Ganz Deutschland.

Die Unterlippe besteht aus zwei gelenkartig verbundenen Teilen. Vielerorts die häufigste Orchideen-Art, die jedoch wegen ihrer unscheinbar grünlichen Blüten oft übersehen wird.

Weißes oder Bleiches Waldvögelein

30–60 cm, Mai–Juni

Cephalanthera damasonium

gesch.; oben links

Merkmale: An ihrer besonderen Blütenform sind die Waldvögelein-Arten leicht von anderen Orchideen zu unterscheiden. Dem Weißen Waldvögelein ähnlich ist nur das Langblättrige Waldvögelein *(C. longifolia)*. Unterschiede: Die Blütenblätter sind beim Weißen Waldvögelein 15–20 mm lang und gelb-lich-weiß, beim Langblättrigen Waldvögelein nur 10–15 mm lang und rein-weiß; der Blütenstand besteht beim Weißen Waldvögelein aus 3–10 Blüten, beim Langblättrigen Waldvögelein aus 10–20; die Blätter sind beim Weißen Waldvögelein breit-eiförmig mit 5–10 Nerven, beim Langblättrigen Waldvö-gelein lanzettlich und zweizeilig (fast grasartig); die Tragblätter (aus deren Achsel die Blüten entspringen) sind beim Weißen Waldvögelein bei allen Blüten deutlich ausgebildet, beim Langblättrigen Waldvögelein nur bei der untersten. **Standort:** In Buchen und Buchen-Tannen-Wäldern, seltener im Eichenwald; auf frischen, kalkreichen Stein- und Lehmböden. **Verbreitung:** Vor allem in den Kalkgebieten Süddeutschlands, im Norden nur vereinzelt, im Nordwesten fehlend; in den Alpen bis 1100 m.
Die Blüten sind meist halb oder ganz geschlossen und öffnen sich nur bei Temperaturen über 25 °C. Die Staubbeutel öffnen sich bereits in der geschlos-senen Blüte, so daß es vielfach zur Selbstbestäubung kommt. Auch vegetative Vermehrung durch Wurzelsprosse.

Rotes Waldvögelein

30–50 cm, Juni–Juli

Cephalanthera rubra

gesch.; oben rechts

Merkmale: Unverkennbar. **Standort:** Wärmeliebende Wälder und Gebü-sche; bevorzugt auf Kalk. **Verbreitung:** Wie vorige Art, fehlt auch im Norden ganz; in den Alpen bis 1300 m.
Mull- und Moderpflanze, Wurzelkriecher, Bestäubung durch Bienen.

Breitblättriges Knabenkraut

15–40 cm, Mai–Juni

Dactylorhiza majalis

RL 3, gesch.; unten

Merkmale: Die breiten, fast stets gefleckten Blätter, die dicken, innen hohlen Stengel und die frühe Blütezeit unterscheiden diese Art von einer Reihe ähnli-cher Arten der Gattungen *Dactylorhiza* und *Orchis*. Auf feinere Unterschiede kann hier nicht eingegangen werden. **Standort:** Naßwiesen und Quellsümp-fe, an Gräben; auf nährstoffreichen, kalkarmen, humosen Tonböden; lichtlie-bend. **Verbreitung:** Ganz Deutschland.
Die Arten der Gattung *Dactylorhiza* (deutsch: Fingerwurz) besitzen handför-mige Knollen. Wie bei anderen Orchideen heften sich die besuchenden In-sekten durch Berühren der Klebdrüse die Pollenmasse (Pollinium) an den Kopf und übertragen sie so auf eine andere Blüte. Dadurch ist die Befruch-tung der unzähligen Samenanlagen gesichert.

Kleines oder Salep-Knabenkraut

Orchis morio

8–30 cm, April–Juni
RL 2, gesch.; oben links

Merkmale: Alle Blütenblätter außer der Lippe neigen zusammen, besonders charakteristisch ist die grüne Streifung der Blütenblätter; die Lippe ist breiter als lang, mit 3 fast gleich langen Lappen; der ziemlich waagrecht abstehende Blütensporn ist kürzer als der Fruchtknoten; die Tragblätter sind so lang wie der Fruchtknoten, der Stengel ist kantig. **Standort:** Gesellig in Magerrasen; auf basenreichen, aber auch kalkfreien, humosen Lehmböden. **Verbreitung:** Zerstreut im mittleren und südlichen Deutschland, im Norden großflächig verschwunden; in den Alpen bis 1100 m.

Die aus einer alten und einer neuen Knolle bestehenden, hodenähnlichen (daher der Name Knabenkraut sowie »Orchis« = Hoden) Doppelknollen der *Orchis*-Arten enthalten bis zu 55% Schleimstoffe, die früher bei Reizerscheinungen des Magen-Darm-Traktes angewandt wurden (Tubera Salep).

Helm-Knabenkraut, Helm-Orchis

Orchis militaris

25–45 cm, Mai–Juni
RL 3, gesch.; oben rechts

Merkmale: Die helmförmig zusammenneigenden rosa Blütenblätter und der stattliche Wuchs mit kräftigen, ziemlich breiten, aber niemals gefleckten Blättern (vgl. Breitblättriges Knabenkraut auf voriger Doppeleite) sind gute Erkennungsmerkmale. Hinzu kommt der **Standort:** Trockene Kalk-Magerrasen, Raine und Böschungen, lichtes Gebüsch, auch moorige, nährstoffarme, aber kalkhaltige Wiesen. **Verbreitung:** Mittleres und südliches Deutschland, bevorzugt in Kalkgebieten und großen Flußtälern; in den Alpen bis 1000 m.

Weiße Waldhyazinthe, Kuckucksstendel

Platanthera bifolia

15–45 cm, Mai–Juli
RL 3, gesch.; unten

Merkmale: Mit anderen weißblühenden Orchideen Mitteleuropas ist diese Art kaum zu verwechseln: Das Weiße Waldvögelein (vorige Doppelseite) hat größere Blüten ohne Sporn, die beiden Schraubenstendel- oder Wendelorchis-Arten *(Spiranthes* sp.*)* haben viel kleinere, schraubig angeordnete Blüten. Am ähnlichsten ist die ebenfalls zweiblättrige Grünliche Waldhyazinthe *(P. chlorantha)*, die sich durch breitere Blätter, gelblich- oder grünlichweiße (statt reinweiße) und geruchlose Blüten unterscheidet. Die Blüten der Weißen Waldhyazinthe duften wie Maiglöckchen. Die Grünliche Waldhyazinthe bevorzugt auch andere Standorte, nämlich Nadelmischwälder und moorige Wiesen, ohne deutliche Kalkbindung. **Standort:** Lichte Eichen- und Kiefernwälder, Heiden und Magerrasen, auch nährstoffarme Moorwiesen. **Verbreitung:** Ganz Deutschland, besonders in den süddeutschen Kalkgebieten, im nördlichen Teil weitflächig verschwunden; in den Alpen bis 1900 m. Der lange, fadendünne Sporn birgt den Nektar, an den nur (Nacht-)Falter mit ihren langen Rüsseln gelangen. Deshalb duften die Blüten auch nachts am stärksten.

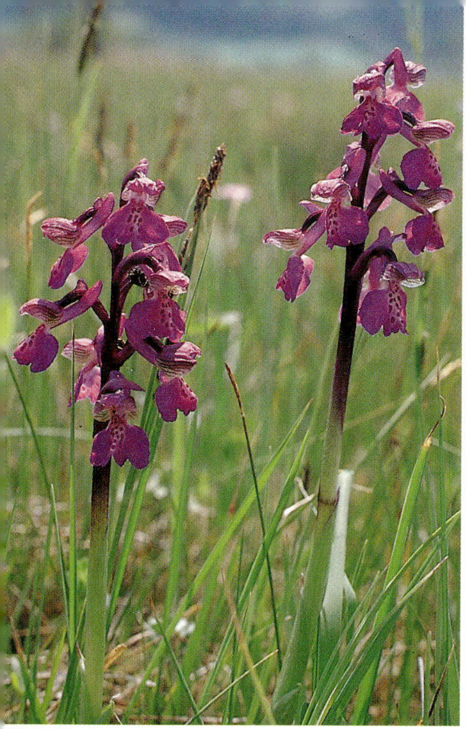
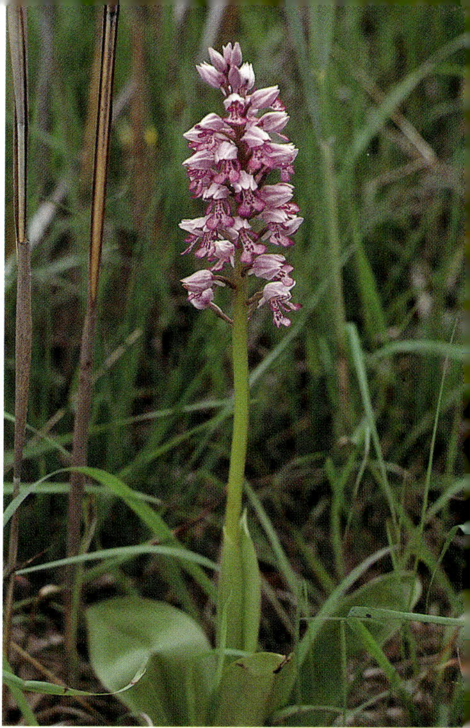
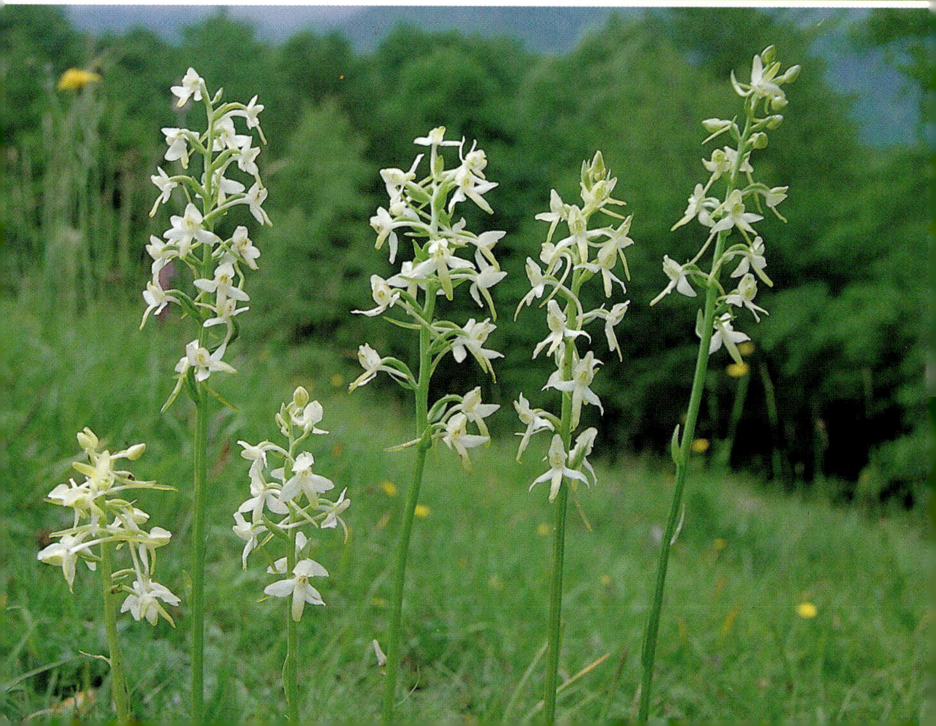

Mücken-Händelwurz

25–80 cm, Mai–Aug.
Gymnadenia conopsea (auch: *conopea*) gesch.; oben links

Merkmale: Der dichte, bis 20 cm lange, nach oben stark verjüngte Blütenstand, der lange, dünne, nach unten gebogene Blütensporn und der süße Duft
sind gute Erkennungszeichen. Die sehr ähnliche <u>Wohlriechende Händel-
wurz</u> *(G. odoratissima)* ist kleiner (15–30 cm) und ihr Sporn ist höchstens so
lang wie der Fruchtknoten (bei der Mücken-Händelwurz fast doppelt so
lang). **Standort:** Gesellig in Moorwiesen, in Flach- und Quellmooren, in
Kalkmagerrasen und in lichten Wäldern; auf wechselfrischen Böden. **Verbreitung:** Ganz Deutschland, im Norden selten und in großen Gebieten verschwunden; in den Alpen bis über 2000 m.
Die Mücken-Händelwurz gehört zu den noch häufigeren Orchideen.

Nestwurz, Vogelnestwurz

25–50 cm, Mai–Juni
Neottia nidus-avis gesch.; oben rechts

Merkmale: Die bleich-bräunliche Farbe macht sie schon von weitem erkennbar. Zwei weitere Waldorchideen ohne Blattgrün sind der 10–20 cm hohe,
rötlich-violett überlaufene, wenigblütige <u>Widerbart</u> *(Epipogium aphyllum)*
und die zierliche, 8–20 cm hohe, gelblich-bräunliche <u>Korallenwurz</u> *(Co-
rallorhiza trifida)* mit nur 4–9 kleinen Blüten. **Standort:** Bevorzugt Laub- und
Mischwälder, aber auch reine Fichtenforste. **Verbreitung:** Ganz Deutschland, im Norden und Nordwesten nur vereinzelt; in den Alpen bis 1200 m.
Als Vollschmarotzer bezieht die Nestwurz ihre Assimilate nicht von höheren
Pflanzen, sondern von einem Pilz, der in den äußeren Zellschichten der fleischigen, nestförmig verwobenen Wurzeln (Name!) lebt.

Großes Zweiblatt

20–50 cm, Mai–Juni
Listera ovata gesch.; unten links

Merkmale: An den 2 breiten, kräftig parallelnervigen, gegenständigen Blättern im unteren Teil des Stengels leicht zu erkennen. Wegen seinen kleinen,
gelblich-grünen Blüten oft übersehen. Das <u>Kleine Zweiblatt</u> *(L. cordata)* ist
kleiner (5–20 cm), hat rötliche Blüten und herzförmige (statt eiförmige) Blätter. **Standort:** Feuchte Laubmisch- und Auwälder, Gebüsche und Bergwiesen. **Verbreitung:** Ganz Deutschland; in den Alpen bis 1700 m.

Fliegen-Ragwurz, Mückenstendel

15–40 cm, Mai–Juni
Ophrys insectifera RL 3, gesch.; unten rechts

Merkmale: Blüten oben mit »Insektenfühlern«, die unseren 3 anderen Rag-
wurz-Arten fehlen. **Standort:** Kalk-Magerrasen und lichte Kiefern-Trockenwälder. **Verbreitung:** Zerstreut, fehlt im Norden; in den Alpen bis 1600 m.
Männchen von Grabwespen werden durch die Weibchenähnlichkeit der
Lippe sowie durch besonderen Duft angelockt. Bestäubung bei Begattungs-
versuch. Andere Arten ähneln Hummeln, Bienen oder Spinnen.

Breitblättriger Rohrkolben
Typha latifolia

100–200 cm, Juli–Aug.
oben links

Merkmale: Vom Schmalblättrigen Rohrkolben *(T. angustifolia)* unterschieden durch breitere Blätter (10–20 mm, statt 5–10 mm) sowie durch die dem braunen Kolben direkt aufsitzende gelbliche Staubblattähre; beim Schmalblättrigen Rohrkolben ist zwischen beiden ein dünnes, steriles Glied eingeschaltet. Zwei weitere Rohrkolben-Arten sind extrem selten. **Standort:** In Uferröhrichten stehender oder langsam fließender, nährstoffreicher Gewässer; im Wasser (bis 1 m Tiefe) oder am Land auf humosen, stickstoffreichen Schlammböden. **Verbreitung:** Ganz Deutschland; in den Alpen bis 800 m.
Verlandungszonen-Pionier mit Kriechsprossen. Die stärkereichen Rhizome wurden als Schweinefutter und Mehlzusatz verwendet.

Ästiger Igelkolben
Sparganium erectum

30–50 cm, Juni–Aug.
oben rechts

Merkmale: An den igelförmigen weiblichen Blüten- und Fruchtständen leicht zu erkennen. Von 4 weiteren heimischen Arten unterscheidet sich die Artengruppe des Ästigen Igelkolben durch verzweigten Blütenstand und dadurch, daß die Pflanzen selten tiefer im Wasser stehen (zwei Arten bilden flutende Blätter aus). **Standort:** Im Uferröhricht stehender, nährstoffreicher Gewässer, an Gräben. **Verbreitung:** Ganz Deutschland, vor allem Tieflagen; in den Alpen bis 900 m.

Gefleckter Aronstab
Arum maculatum

15–40 cm, April–Juni
unten links Blüte, rechts Früchte

Merkmale: In Deutschland allenfalls mit der Schlangenwurz *(Calla palustris)* zu verwechseln, deren Kolben aber von einem offenen (!) Hüllblatt umgeben ist. Das Hüllblatt des Aronstabs ist grünlich oder rötlich überlaufen. **Standort:** Krautreiche Laubmisch- und Auwälder, auch Hecken. **Verbreitung:** Ganz Deutschland, im Nordwesten fehlend; in den Alpen bis fast 1000 m.
Der eigentliche Blütenstand ist durch das Hüllblatt verborgen; der Kolben dient mit seinem Aasgeruch der Anlockung winziger Mücken; größere Insekten werden durch einen Borstenkranz ferngehalten. Der stärkereiche Kolben produziert reichlich Wärme, so daß die Temperatur im Kessel bis 25 °C über der Außentemperatur liegt. Öltröpfchen an der Fallenwand verhindern ein Entkommen bis Bestäubung und Pollenaufnahme vollzogen sind. Die Blattform ist untypisch für Einkeimblättrige; schwarz gefleckt sind die Blätter nur in Küstennähe. Giftig.

Register

Die Natur wird zum Erlebnis